市·野 乡村传播丛书

以文化人：

一项关于乡村文化的考察

李红艳 著

中国农业大学出版社
China Agricultural University Press
·北京·

内 容 简 介

基于乡村文化的发展脉络与中国社会变迁、乡村社会转型的密切关联，本书立足于实践维度，深入城乡田野，全方位收集一手资料，分别从乡村文化的实践逻辑、乡村文化的创新路径、乡村内外的文化乡愁、乡村文化的归途四个主题出发，结合全国与地方、城市与乡村的空间视野，从治理与文化、技术与文化、习俗与文化、传统与文化等几个方面，探究乡村文化在20—21世纪之交的文化组织形式、文化发展类型、文化参与群体、文化生产形态、文化技术治理、文化传播展示等。本书指出，乡村文化的实践，既是一个乡村社会参与者群体不断代际更替的过程，也是一个乡村文化的生产与传播不断进入中国整体治理格局的过程；既是一个新媒介技术和数字化不断在乡村文化生产与传播中渗透的过程，也是一个乡村文化生产者不断进入中国社会大视野的过程。上述诸多过程综合演变，相互影响，正在塑造着中国乡村文化实践的新形态、新路径和新趋势。

图书在版编目(CIP)数据

以文化人：一项关于乡村文化的考察 / 李红艳著. --北京：中国农业大学出版社，2023.10(2024.10 重印)

(市·野乡村传播丛书)

ISBN 978-7-5655-2994-8

Ⅰ.①以… Ⅱ.①李… Ⅲ.①农村文化－文化事业－建设－研究－中国 Ⅳ.①G127

中国国家版本馆 CIP 数据核字(2023)第 101567 号

书　　名　以文化人：一项关于乡村文化的考察
Yiwen Huaren: Yixiang Guanyu Xiangcun Wenhua de Kaocha
作　　者　李红艳　著

策划编辑	童　云	责任编辑	何志勇
封面设计	李尘工作室	插　　图	曹羽南
出版发行	中国农业大学出版社	封面绘图	敖　松
社　　址	北京市海淀区圆明园西路 2 号	邮政编码	100193
电　　话	发行部 010-62733489,1190	读者服务部	010-62732336
	编辑部 010-62732617,2618	出 版 部	010-62733440
网　　址	http://www.caupress.cn	E-mail	cbsszs@cau.edu.cn
经　　销	新华书店		
印　　刷	河北虎彩印刷有限公司		
版　　次	2024 年 5 月第 1 版　2024 年 10 月第 2 次印刷		
规　　格	230 mm×160 mm　16 开本　13.25 印张　177 千字		
定　　价	53.00 元		

Culture is a treasure, an timelesslabel

文化就是宝藏,是永不过时的标签

——佩特罗尼乌斯(Petronius),《萨蒂利孔》(Sat.)

目录

绪论：烟波江上　无人愁...... 001

启：文化实践　生产与再生产的逻辑...... 005

第一章　乡村文化生产：行政与自组织结合...... 007

第二章　“嵌入者与终结者”：乡村文化实践中的新媒体...... 025

承：文化赋权　数字乡村中的创新...... 047

第三章　电商文化的赋权：边界在哪里？...... 049

第四章　直播带货：拓展乡村文化新路径...... 061

第五章　宣讲团：自上而下的文化治理...... 071

转：文化乡愁　乡村记忆与乡土情怀...... 093
第六章　集体记忆与乡土叙事...... 095
第七章　乡村还是乡土：何为乡村文化意识？...... 105
第八章　乡村文化与媒介再现...... 113
合：文化归途　地方之内还是地方之外...... 149
第九章　新媒体时代的“土味”文化...... 151
第十章　地方感与全球化...... 163
第十一章　流变：乡村文化的归途...... 175

结语...... 201
后记：无边落木萧萧下，边界文化无处寻...... 204

绪论：烟波江上　无人愁

乡村文化这个议题，笔者的关注一开始是无意识的，后来是有意识的，最终在2019年开始了系统化的研究。

2005年开始做农民工[①]研究的第一个课题时，从农民工群体进城的各种经历中，笔者开始在想：乡村文化未来的发展趋势是什么呢？带着这个问题之后，笔者继续在农民工群体中做调查，渐渐发现了一个现象：他们对城市文化乃至全球文化的关注甚至超过了"土生土长"的"城里人"。2006年暑假，中国农业大学出版社组织出版关于新农村建设的系列丛书，其中一本便是关于乡村文化的，笔者承担了这本书的编写任务。于是便有了《新农村：如何经营乡村文化》这本书的出版。这本书试图给乡村社会的基层干部提供一条经营乡村文化的实践路径，但编写十分匆忙：当时是为了与新农村建设的背景相对接，以案例为主，文字比较通俗。后来，这套丛书入选了新闻出版署农家书屋重点出版物推荐目录，销量过万册，但是此后十多年，我一直没有时间对文化议题进行继续追踪和深度调研。

2012年笔者开始在北京郊区进行农民观念提升培训（后来该培训项目改为农民素质提升工程），这项培训持续到2019年。2020年受新型冠状病毒性肺炎疫情的影响，培训被搁置。在培训过程中，接触到乡村文

① 农民工是指为用人单位提供劳动的农村居民，是中国改革开放和工业化、城镇化进程中涌现的一支新型劳动大军。作为产业工人的重要组成部分，农民工的称谓已逐渐演变为进城务工人员、新产业工人。因本书研究时间跨度大，仍沿用农民工这一称谓。

化建设的“新”群体：乡村文化组织员。他们是乡村社会中文化活动的主要组织者、引导者和参与者。在培训过程中，这些人员比较热衷于讨论各种文化活动的组织与实施过程。在乡镇授课时发现，文化组织员们积极参与到培训过程中，他们表演节目时，会拿着话筒，轮流到台上唱歌，下面听歌的村民大声叫好，他们与村民聊着天，说着日常，似乎这才是乡村社会里应有的文化底色。这些文化组织员，同时也是乡村社会中给农民授课的老师，他们承担着农民观念提升的授课任务，授课对象主要是普通村民。文化组织员通常身兼数职，他们通常口才极好，表达流畅，是乡村社会中新观念的代表者。

那么，迎面而来的一个问题便是：何为乡村文化？不论是文化还是乡村文化的概念都充盈着多元化、多层次化、多学科化和多角度化的特征。首先，与乡村文化类似的概念很多，比如农村文化、乡土文化、农味文化、“土味”文化等。其次，研究乡村文化要探讨历史性导向、实践性导向和理论性导向等内容。从研究层面来看，乡村旅游、农业文明、乡村文化治理、乡村民俗与文化仪式等都是社会发展的持续关注点。上述这些研究问题，自身便充满了内在的冲突性、隔离性、断裂性，甚至是矛盾性。因此，对“乡村文化究竟向何处去？”这个问题的回答，更是众说纷纭，莫衷一是。

本书认为，对于乡村文化的认知与理解，必须放在横向与纵向的双重坐标中，方能较为清晰地获得完整的描述与解释，乡村文化的发展不仅经历了起伏的过程，也迎来了转折的契机，同时也处在新技术扩散的影响、城乡流动的挑战、市场化意识的渗透，以及不可逆转的城市化过程等因素交织的社会情境中。结合笔者十多年来对进城农民工群体的调查资料，以及十年来对农民的观念培训和在乡村社会所做的调研和观察感受，以及传统社会中文化的变迁历程，本书以启、承、转、合四个部分为基本结构，即文化实践、文化赋权、文化乡愁、文化归途。基于这样的结构，乡村文化在本书中有以下几个含义：第一，乡村文化根植于中国传统文化，中国传统文化的脉络又与中国人的精神品格、中国政治体制的历史与当代理念有不可分割的关系。从一定意义上可以说，乡村文化的源头也是中国传统文化的源头。从《诗经·国风》可以看出，乡村生活始终是中国文学的核心主题。进入近代，城乡开始分化之后，在西学影响下，中国传统文化的变迁与转型成为一个时代的选择，乡村不仅成为传统文化的保留场所，也成为传统文化的实践空间。就最广泛的意义而言，乡村文化便是传统文化的核心部分。第二，乡村文化的含义还包括当下乡村文化的实践形式，诸如旅游、电商、“土味”等文化，也包括乡村留存的日常生活方式。第三，乡村文化在精神层面上，是一种乡愁，也是一种记忆。

基于上述理由，这本关于乡村文化的小书，主要从以下几个路径进行考量：首先，从中国文化的发展脉络而言，乡村原本是中国社会的来源和根基。具有乡土精神的中国社会，不仅社会的根基是乡村，社会的传统来源也是乡村。当城市与乡村的分离在19世纪末20世纪初成为中国社会的一个属性时，城市社会在不断重构中，文化在社会重构中，或者蜕变，或者异化，或者消失，或者断裂，或者重生，或者新生，又或者不知所踪。其次，乡土社会作为中国的根基，文字是与主流社会对接的一种主导工具，也是一种文化实践的基本载体，在文字之外，各种媒介逐渐成为乡村文化的传播与生产形式。再次，文化不仅是一种类型，一种生活方式，更是农耕文明的一种根基。由此，本书从启、承、转、合四个维度对上述问题进行逐一描述和解读。

启：文化实践 生产与再生产的逻辑

第一章　乡村文化生产：行政与自组织结合[①]

20世纪80年代以来，随着城乡改革的深入，乡村社会的诸多问题开始进入人们的视野。其中，对乡村文化的关注与研究，是与乡村社会结构、属性及其变迁过程关联在一起的。本书的乡村文化是指在乡村社会中，以农民为主体，以乡村社会的知识结构、价值观念、乡风民俗、社会心理、行为方式为主要内容，以农民的群众性文化娱乐活动为主要形式的文化类型[②]。费孝通认为，中国乡村社会是乡土性的，因此要从乡土性这一核心特征出发理解乡村文化，差异格局则是被普遍熟知的对中国乡村社会结构的一种描述，最能说明差异格局的是中国传统中的人伦，“其实在我们传统的社会结构里最基本的概念，这个人和人往来所构成的网络中的纲纪，就是一个差序，也就是伦”[③]。闫云翔指出，这个差异格局是依靠四个机制来维系的：第一是通过权利与义务的失衡来维系尊卑大小的差别，而这种不平衡不对称又经由一系列伦理规范而加以合法化；第二通过对资源的控制来维系尊卑大小的差别；第三通过非正式的礼俗和正式的法律来惩罚敢于向尊卑上下差序提出挑战的社会成员，并因此而进一步巩固建立在差等之上的秩序；第四通过某种制度化的社会流动渠道使许多人得以逐渐或突然改变自己的社会位置，由下而上，从而获

① 本章内容原载于《人民论坛·学术前沿》,2018年第13期,第58-66页。

② 赵旭东，孙笑非：《中国乡村文化的再生产——基于一种文化转型观念的再思考》，《南京农业大学学报（社会科学版）》，2017年第1期，第120页。

③ 费孝通：《乡土中国　生育制度》，北京：北京大学出版社，1998年版，第36页。

得更多的权利、权力、尊严，以及通过这些权利和权力的运作而得到更多人的服从[①]。这四种支撑差异格局运作的机制，在市场化、工业化和城市化中不断遭遇挑战。快速发展的城市化和工业化，不断解构乡村传统文化的秩序价值，导致乡村文化失去了认同的基础，乡村文化的标杆意义也日趋衰落[②]。“离土”性使乡村社会的“历史感”与“当地感”被剥离，破坏了乡村旧有之意，也带来了传统乡村文化的坍塌[③]。乡村文化危机论、崩溃论的呼声不断涌现。孙庆忠反驳道，对乡村文化危机或者崩溃的判断，更多是基于城市对乡村文化理想图景的想象，那些根植并存活于乡土社会的生活观念和价值体系，乃“乡土之神”，“形散”而“神聚”才是乡村文化的实质[④]。多元现代性理论在为中国农村现代性实现提供新路径的同时，也为传统乡村文化的重建提供了可能，现代性模式的确立与乡村文化的重建，是一个内生于中国农村的同构过程[⑤]。乡村文化产业现代性重构的路径，一是精神性重构，即对乡村文化空间和文化意象的重构，二是制度性重构，建立起符合现代产业方式的合理体系[⑥]。有学者从本土化与全球化的视角，以传统复兴这一命题，对乡村文化的发展提出了一些颇有启发性的观点，比如范可认为，传统本身是镶嵌在现代性和全球性的语境中的，少数民族的建筑风格以及宗族等传统的重现，是传统对全球化和现代性的积极回应，也是一种主动地方化和再地方化的过程[⑦]。赵旭东则认为，乡村文化的复兴本身处在二律背反的状态中，

① 阎云翔：《差序格局与中国文化的等级观》，《社会学研究》，2006 年第 4 期，第 207 页。

② 赵霞：《传统乡村文化的秩序危机与价值重建》，《中国农村观察》，2011 年第 3 期，第 80-86 页。

③ 闫惠惠，郝书翠：《背离与共建：现代性视阈下乡村文化的危机与重建》，《湖北大学学报（哲学社会科学版）》，2016 年第 1 期，第 152-158 页。

④ 孙庆忠：《离土中国与乡村文化的处境》，《江海学刊》，2009 年第 4 期，第 136-141 页。

⑤ 闫惠惠，郝书翠：《背离与共建：现代性视阈下乡村文化的危机与重建》，《湖北大学学报（哲学社会科学版）》，2016 年第 1 期，第 152-158 页。

⑥ 李佳：《从资源到产业：乡村文化的现代性重构》，《学术论坛》，2012 年第 1 期，第 77-81 页。

⑦ 范可：《他我之间》，北京：中国社会科学出版社，2012 年版，第 122 页。

基于对乡村文化改造而萌生出来的文化危机，一方面排斥乡村，另一方面又试图改造乡村[①]。

我们可以悬置上述研究问题，通过村落文化组织员视角下乡村文化的生产过程进行田野考察，先回答以下问题：当代中国乡村文化生产的实践特征是什么？在此基础上，对当代中国乡村文化的相关问题进行探讨。

鉴于2011—2017年笔者一直在北京郊区对农民进行观念培训，培训的一部分成员是每个村的村委会干部，这些村委会干部中，文化组织员是其中一员。文化组织员的主要工作是在村落里完成镇文体中心布置的文化活动或者项目，以及自发组织农民进行各种文化活动，通过对文化组织员工作过程的了解和对他们的访谈，是一个从田野角度考察乡村文化生产的恰如其分的视角，由此可以延展出对当代中国乡村文化现实发展的一些较为清晰的判断。

因此，主要采用的研究方法为参与式观察和深度访谈。参与式观察主要来自两部分内容，一部分来自2011—2017年的培训期间作者对镇文体中心参与培训组织工作人员的观察与记录，另一部分来自培训期间与村里文化组织员课上课下的讨论。深度访谈主要是针对不同村落的文化组织员的线上线下访谈，线下访谈时间为2017年7月初到8月之间，笔者在农村给基层干部培训期间进行的。线上访谈时间为2017年12月到2018年3月之间，线上访谈主要借助微信和QQ这两个媒介来完成的，一部分记录采用语音形式，另一部分记录采用文字形式。

分别从以下几个层面对乡村文化生产实践过程进行田野考察：文化组织员的设置及职责；文化组织员的文化活动及其经费问题；文化组织员对乡村文化的认知与了解。继而对当代乡村文化生产的实践特征进行概述，讨论当代乡村文化实践背后的理论价值，以及与乡村社会变迁之间的关系。

---

① 赵旭东：《文化认同的危机与身份界定的政治学——乡村文化复兴的二律背反》，《社会科学》，2007年第1期，第55-63页。

一、村落文化组织员职位的设置

北京郊区文化组织员岗位的设置最早始于2008年，最初是由村委会干部来兼任，当时还没有文化组织员这一职位。2012年，文化组织员这一职位在乡村村委会机构中设立了，其归口单位为相应村落所隶属的镇级文体中心，工资由区里统一发放，每人每年共计5 000元。尽管在行政上，各村的文化组织员归其对应的镇级文体部门管理，但具体的工作联系并不多，主要是镇里某些文化活动或者项目需要组织的时候，就联系村里的文化组织员出面配合一下。而村里的文化活动，一般都是文化组织员具体实施的。镇里给村里也会布置一些文化活动，但并没有强制性。对有些村落文化活动相对丰富或者文艺骨干相对多的村落，镇里布置文化活动的时候，会点名要求必须参加。

在乡村基层组织中，文化组织员是村委会组织设立的一个行政职位，除了每年区里发放的5 000元工资外，他们的其他绩效工资与村委会主任和村党支部书记的绩效工资挂钩，村委会主任和村党支部书记的工资则由其所在的镇行政机构经过对该村工作的全面考核来进行评估发放。由于不同的镇之间经济发展水平的差异，不同村落的文化组织员绩效工资有很大的差异。尽管如此，文化组织员所要完成的文化任务都是按照其所在镇政府的文体部门，以及其他相关部门的布置来实施的。

村委会中文化组织员的承担者，均为女性。年龄在40～55岁，基本都是兼职担任文化组织员，比如计生专干兼任，就业指导员兼任，或者妇女主任兼任，甚至有一位身兼6个岗位的。村委会一个人身兼数职的话，工资是可以叠加的，这其中一部分原因是仅仅担任一个文化组织员职务的话，工资太低，没办法满足乡村生活的基本需求。

A是北京市郊区某村落的文化组织员，没有身兼数职，由于她所在的村落相对富裕，她的一部分工资是由村里补助的。A的工资每月800元左右。2017 年她 40 岁，其子 5 岁，丈夫在一家物流公司工作。她原来是开理发店的，但是很喜欢组织文化活动，做了文化组织员后，家庭的工资收入便降低了，她只好又重新开了理发店，上午去村委会完成文化组织员的工作，下午则会回到自己的理发店重操旧业。她笑着说："这样既可以满足我的爱好，又可以保证家庭的收入。"

B 是某村的妇女主任、计生专干、卫生专管员、网格员、文化组织员、调解员等。2017 年她 54 岁，按照她的说法，不仅是文化组织员的工作，其他村委会的职位也一样，承担该工作的人员年龄都在 40～55 岁，"年轻的不干这个，给钱太少，养不了家，一个月挣这几百块钱都不够家里孩子花的。"

C 所在的村落属于传统的农业村。她说："文化组织员 400 多元（一个月），一年才 5 000 元。我们这岁数也出不去了，就在家哄孙子什么的。平时叫开会的话，都能随时到，人家年轻的得上班，村里这儿就由我们负责任了，哪会儿开会哪会儿就到齐，不迟到不早退，靠谱。这个年龄段也比较踏实，不浮躁。要是上班的话离不开身，只能干这个比较踏实，随叫随到。"

村里文化组织员的工作，和村委会的其他工作范围大多是混合在一起的。D 所在的村落是该区域的政治行政中心，2017 年她 48 岁，他们家属于拆迁户，她特别喜欢文艺活动，在镇里和区里都是文化骨干。镇里布置给村里的文化任务，都是由她独立完成的。比如 2018 年春节期间，她就忙着镇里布置的任务。镇里对村里的文化组织工作，之前只有文体中心布置，现在鉴于村里文化组织员本身的兼职性，镇里对口的部门也多了起来：计生部门、社保部门、民政部门、妇联部门都有一些与文化相关的任务。D 做了 8 年村委会的工作，因为他们村比较小，兼职很普遍。她所在的镇里一般组织两项活动：秧歌和广场舞。据调查，其他镇统一的文化活动也有这两项。2018 年正值改革开放 40 周年，镇里给每个村布置了两项文化活动，诗歌朗诵和讲故事，要求必须是农民原创的。

D一边在微信里和作者聊着，一边说，“这两个节目都需要我自己撰写，我喜欢这个工作，写好了，老师帮我看看好不好？”

从上述的描述可以看出，村里的文化组织员不仅承担着乡村社会中文化生产的行政性责任，他们的职位由行政设置，无论兼职与否，与行政组织之间有一定的黏合度。而一般由中年女性所承担的文化组织活动，一是与该承担者本身的特点有关，性格活泼，喜欢文艺；二是与该承担者所在村落的性质有关，村落的大小、经济的发展程度等都决定了文化组织员的承担者以女性为主。而在行政的管理体系中，文化组织员与村委会主任、村党支部书记的关系更为密切，与镇里的文体中心关系则较为松散，因为身兼数职，反倒使得他们在与镇里的相关部门打交道时，人为制造出一个行政体系中的“熟人社会”环境。

二、文化组织员的活动经费：来源与使用

文化组织员的文化活动，大部分与村里的活动有关，小部分与镇里布置的活动有关。鉴于镇里与村里文化组织员之间的微妙行政关系，镇里布置的文化活动，不能采取行政命令的方式，只能是希望村里配合的思路。其中一个主要原因在于活动经费的来源及其管理。没有设置文化组织员这一岗位的时候，文化活动经费也有拨付的。比如2018年，当时的经费比2008年充裕，每次都是8 000元，2008年每次都是3 000元或者5 000元。设置了这个岗位后，文化组织员的活动经费通常由两部分组成，一部分由镇里直接拨付给村里，由村党支部书记决定是否将该经费用作文化活动。另一部分则由村里自己承担，由村党支部书记决定是否支持该项文化活动。这里涉及的因素有几个：

第一是经费与文化活动自主性的关系。就经费多少来说，一般的文化活动经费在3 000～5 000元不等，偶尔也有8 000元的，经费是一揽子的，包括了所有的开销。之前没有文化活动经费的时候，镇里布置的文

化活动、村里组织的文化活动，农民都凭着兴趣，积极参加。以 E 所在的镇来说，该镇一共有 49 个村子，参加活动的村子一般在 35 个左右。有了经费支持之后，参加的村子数量反倒下降了。“有那钱以后，打到大队账户上，大队不给钱，我们拿不出来，很少有村子参加了，现在我们镇 49 个村，最近的文化活动就 13 个村参加。要是把钱打到我们账户上，甭管是辛苦费也好，排练费也好，或者买服装，我们能支配，现在要钱要不出来，我们没法支配。”

“比如参加一次活动，镇里会给点资金，这个资金我们能不能拿到手，还是一个问题。这个资金是打到大队账户里，我们个人摸不着。（问：大队是谁来负责管呢?）这个咱也说不好，应该是村书记、主任两个人同时负责，但是这笔钱要拿出来，咱们还得找他们，他们一个不同意，这笔钱就拿不出来。”（E）

“我就感觉跟村里书记沟通这块极其有问题。文体中心说话没有力度，镇长要是跟书记说，这笔钱肯定拿得出来。”（A）

换言之，基层组织者所启动的文化活动，在没有经济动力的情况下，乡村文化自身在行政设计和村落自治的两种情形中，都有一定的文化生产自发性。这种文化生产的自发性与行政的文化任务之间是有内在契合性的，村民们参与文化活动的积极性很高。一旦有了经费参与，文化活动的形式也增加了仪式性的要求，比如服装要求、化妆要求、道具要求等，这些费用与村民的文化生产的自发性发生碰撞的时候，问题就出来了：文化活动可以无偿参加，但是表演服装之类的花费，就变成了问题。

“主动参加活动的人说，我无偿地参加，我练就行，但不可能说我自己花钱再买套服装吧。因为那些演出服装也穿不了几回，谁没事儿穿它呀!”（C）

“之前没给钱的时候我们老参加，我们就为了玩，现在因为有经费，就比钱多钱少了。”（E）

“我们这年纪，小的可能都 40 多岁，50 多岁，我们是好这个，没事儿玩儿，但是我们这么大岁数挣回这点钱来还给大队贴上了，大队不给我们经费，我们就感觉……如果没有（钱），我们就当一乐呵；说有，我们风里雨里这苦这累的，回头我们成给大队挣钱，自己什么都没得到，就没动力了。下回活动我就说不去了，自己愿意跳就跳着玩儿了，愿意唱就唱卡拉OK，我就不参加活动了，参加这干吗呢，付出没有回报。”（D）

“现在很多活动都没法参加，没钱怎么参加，想买服装都没钱，恨不得从家里拿钱给人家买吧，这不太现实。想拿第一名，没有服装你分也够不了。都不用评委给分，底下观众都说：你看看这村的队员，红的绿的都有，干吗不换个统一的服装。”（B）

第二是文化与乡村社会规划之间的关系。在以经济发展为主要指标和主要导向的前提下，文化活动的经费，在村委会工作中，并不会得到全方位的规划或者设计。一般都是区里、镇里布置了任务——舞蹈大赛或者歌咏比赛等，文化组织员们就被召集起来到区里、镇里开会，进行动员。文化组织员回到村里，就需要找村党支部书记请示是否参加。经费问题之外，还有其他风险因素，比如出门的交通安全问题、人员的健康安全问题等。

“书记从来不主动找我们，我们只能先找书记，书记要是同意，就能进行，书记不同意，那就进行不了，因为经费在他那儿；再有，就算我们可以自己组织活动了，打个比喻，路途中谁摔着磕着碰着了，是谁担责任呢？人家书记说我没让你弄，我们自个儿也承担不了这个责任，所以好多活动我们也不组织了。”（F）

这些风险因素导致文化活动在村里得到支持的比例较低。有时候，村民很有自发性，文化组织员就不去征求村党支部书记的意见，然后组织大家练习，这种练习，最终是要到镇里或者区里参加文化比赛的。没有报酬，没服装，村民们也没意见。但是等到比赛的时候，需要村党支部书记派车，就有点问题了。

“我们原来开展文化活动组织，基本上练就是白练，每一次活动最少得练一个月，每天晚上，别管风里雨里，冷了热了的，没有一分钱报酬，自己愿意练。等到去比赛的那天吧，还得说人家给你派不派车，支不支持你，责任谁担。”（B）

“书记不支持，说搁在大队账里的钱就不能拿出去了。说句大白话吧，书记和会计决定怎么花，我们花不了。不弄这活动也没钱，我们也不报名了，不操这份心。领导说我们不支持他工作，没钱我们怎么支持。”（G）

文化活动的经费一旦拨付，使用起来也有很多规定。需要先买东西，由文化组织员自己垫付，然后再用发票来报销，把钱拿出来。因此会出现经费使用中的报销滞后现象。

“这钱可费劲，为什么我们现在好多人都不组织了，就是因为这个钱拿不到手，因为我们弄半天连吃苦带受累把这节目办了，工作完成了，可是这个资金我们拿不到。反正我们村前年（2015 年）合唱的钱，现在还没拿出来呢。以前的（资金）倒是拿出来了。你说文化组织员怎么办，你要去办的话，你没有任何资金。他们得认为这钱我们文化组织员拿着了，说不清道不明的。”（H）

F 做文化组织员有 6 年了，2016 年她申请下来了文化活动经费，但是需要拿发票才能把钱报销出来。而在他们村里，如果经费超过 5 000 元，还必须召开村民（社员）代表大会，半数以上的人同意了，经费才可以使用。没有村民代表大会讨论，没有村民代表签字，经费拿不出来，大队也没这权力。所以她觉得他们办事挺难的，“申请经费要发票，我们都拿自个儿钱先垫上，你不买东西人家肯定不给你开票，然后开回票来再回来报。那年我垫了一万多元钱，我们全都这么垫。（问：有垫了钱没报销成的吗?）没有，因为我们买东西之前就征得书记同意，说现在一人置一套服装行不行，他说行你去买吧，然后你再自己拿钱去买，买完拿发票去报销。”

因为这种先要发票才能使用经费的情况，使村里的文化组织员在组织文化活动时的积极性被消解了。一是镇里的经费每年不一样，不太固定，有时候没有，有时候有。二是每年参加文化活动的村民，都会进行比较，造成文化组织员在组织活动时遇到了一些意想不到的障碍。

“我们村现在就不参加镇里布置的文化活动了，没法报销，跟底下参加的群众没法交代。去年（2016 年）有钱，今年（2017 年）参加没钱，人家说这钱是不是让我们文化组织员得着了，我们背着黑锅，你忙忙碌碌付出辛苦，还落人埋怨，其实文化组织员也没多挣一元钱。别的村一人能分 150 元，他不想人家分钱的人少，他不这么理解。”（G）

那么，镇里如果拨付经费的话，拨付的活动经费够用吗？受访者普遍认为，肯定够了啊！以前都是凭着爱好来参加，现在有经费了，给多少钱，就按照这个钱花费，肯定不会超出的，给多少钱办多少事啊！

这里，涉及几种情况，就财务制度而言，镇里的经费，无论是来自什么部门，只能落实在村委会的账户上。每个村村委会的财务管理有不同的情形，每个村都有财务专员，财务专员按照村委会和村民大会的意见对经费进行管理。经费的用途与分配，与镇里的行政设计之间并无任何有效的对应关系和约束力量。其次，村委会对村里的经费有统一的安排与规划，这一点镇里的相关部门对此并无约束力。

三、村落文化组织员：徘徊在个体身份与职业身份之间

文化组织员，在身份上，是村委会的一个职位；在村里，是一个普通村民。因此，很大程度上他们是作为两种身份行动的，但这两种身份通常是混杂在一起的。

首先，作为个体的文化组织员，是一个喜欢文艺活动的村民。作为村民在村落里的在场形式与村落里居住的其他村民一样，但在经济收入上还不如其他村民。而他们与其所在村落的乡土资源之间，也基本是若即若离的态势。调查显示，文化组织员全部来自其所在的村落，其父母都是当地土生土长的村民。他们的文化程度集中在初中（或者初中毕业，

或者初中未毕业），高中毕业的寥寥无几。其文化程度与村民文化程度的平均水平是基本匹配的。作为个体的文化组织员，是浓郁的当代中国乡村社会的产物。他们作为个体所参与生产的乡村文化形式，一定程度上也代表了当代乡村社会中乡村文化的主流形式。

其次，文化组织员这个职位所赋予的职责有一定的规定性，但这种规定性并非严格意义上的，而是有很大的弹性空间的。因此，文化组织员在完成职位所要求的任务时，鉴于与镇文体中心以及村委会之间的关系本身是有内在冲突的，在参与区里、镇里组织的文化活动时，文化组织员往往会选择权力就近原则，即把需要完成的任务按照先后顺序排列。排在第一位的是村委会的任务，第二位的则是镇里的任务，尽管镇里的任务排在第二位，但也是有选择地完成，并非必须完成的。通常镇里布置的文化活动，并没有强制性。但如果涉及经费的话，该项任务便成为强制性的了。这种选择过程中，村委会的行政力量会影响到个体的行为。因为文化组织员兼职的形式，一方面他们是村委会的一员，但并非处于权力的核心；另一方面他们作为个体，又是农民的身份。个体自身的能力、在村委会的位置、与镇里的关系以及在村里的影响力，都决定了个体的选择。

F是村里的一名文化组织员，2017年被其所在的镇评为“优秀文化组织员”，评语写道：“热爱文艺的她不仅积极参加镇村的各项文化活动，还在区里报名参加了交谊舞、民族舞培训班，回村后教授村里的姐妹。同时，还自购学习设备，不断提升自己，在区镇组织的广场舞、卡拉OK大赛等各种活动中还获得了不错的成绩，在镇举办的广场舞大赛中，由她组织的代表队取得了二等奖的好成绩。”F为自己的成绩感到骄傲，她不断强调道：“我就是喜欢干这些，乐呵呵的。不为了别的，就为了开心。”在她开心的这一刻，职业的需求与个人的诉求完美地结合起来了。换言之，作为个体的文化组织员和作为职位的文化组织员，在乡村社会的秩序中，其区分度和城市社会中的行政职位相比，其交叉范围更大，职务性范围则更小。

G是某镇中心村的文化组织员、计生专干、妇联主任、就业指导员等，身兼数职。她特别热爱文艺活动，她说："我就是喜欢文艺活动，特别是唱歌跳舞之类的。"他们村的广场舞有大约60种，每种她都很熟悉。村民的广场舞都是她教的，她自己在网上或者报名参加培训班学习，然后回来教村民。除了广场舞，其他舞蹈，比如交谊舞，她也参加了培训和比赛。她是镇里40多个村的舞蹈团的培训员。2009年，她还组织了村里的合唱团，"我的目标就是让越来越多的村民参与到文化活动中"。

文化组织员作为职位和作为个体参加的文化培训活动，组织者主要是政府，在政府组织的文化培训中，90%是由镇里组织的。比如2017年，某镇文体中心组织的培训活动有4次，包括健身、广场舞、主持、演讲等。培训对象是村里的文化组织员。而镇里组织的针对农民的文化培训活动则比较多，该镇自2015年以来累计为村里的农民组织书法、国画、布贴画、金属画等兴趣班和创业班等50余期，培训农民3 000多人次。在春节、端午、国庆、重阳等重要节日组织开展文化活动，让农民自愿报名参加。

此外，作为村民的文化组织员，也会加入村里的文化大集中，由此村落还有了文化集市，农民参与秧歌、水兵舞、广场舞、小车会等各项文化活动，最大的参加者已经80多岁了。

"我经常参加镇里的原创节目比赛，自己撰写评剧选段，歌颂家乡。我还是村里艺术团的成员，与剧团一起积极参加星火文艺工程演出，并到部队、敬老院慰问和义演。这些文化活动不仅是自愿参加的，而且是没有报酬的。"（F）

对乡村文化的生产而言，文化组织员通过兼职、通过个体的乡土资源，通过个人的艺术特长等，不断衍生出一些新的乡村文化的形式。因此，承担文化组织员工作的女性，认为兼职比专职对乡村文化活动的组织来说，更为有利一些，比如每年的三八节，妇联可以借助这个平台主办文体方面的宣讲故事、朗诵诗歌、趣味运动会、书法等活动；还可以做计生方面的活动：各种惠民政策宣传，各种健康讲座和义诊活动等。“专人专职我觉得只是相对的好，身兼多职，相对很辛苦！正是这样所谓的辛苦，带给我们的也是幸福和快乐。其实各个部门、各个工作职位都不是独立的，都或多或少是有关联的！而且和不同岗位的人一起开会学习，使自己知识面更广，更有利于提高自己的综合素质能力”（G）。

简而言之，农村的文化组织员在政府层面承担着中国当下乡村的主要文化生产活动，这种文化生产活动的形式主要有唱歌、广场舞、秧歌、戏剧、演讲等，这些活动的主办者包括不同层级政府，其中会涉及行政关系、财政问题等。也有非政府组织的文化生产活动，文化组织员作为参加者或者作为组织者参与其中，文化生产的形式主要以唱歌、跳舞以及一些民间乐器的演奏为主，比如唢呐等。演讲这一形式在乡村自发组织的文化活动中比较罕见。

四、结论与讨论

本章从文化组织员职位的设置、活动经费以及文化组织员在乡村的身份三个层面，描述了文化组织员视角下的乡村文化生产实践过程，认为其具有以下初步特征。

第一，乡村文化组织员视角下的乡村文化生产实践，带有浓厚的行政性。

乡村文化的生产，在当下乡村社会中，主要还是依靠基层政府的扶持与引导。镇一级的文体中心和村委会是乡村文化生产的两个主要组织，对于镇一级的文体中心而言，在工作中他们要面对的主要是乡村文化组织员，而文化组织员在村里的行政关系则隶属于村委会，由于文化组织员的工资一部分由镇里负责，另一部分与村委会工作人员的工资挂钩，导致在乡村文化生产中，政府导向的乡村文化生产以其行政性成为一种显著的特征。

第二，乡村文化组织员视角下的乡村文化生产实践，带有很明显的重新秩序化特征。

在乡村文化生产的形式中，唱歌、跳舞、戏剧、演讲是四种最为常见的形式。这些文化形式在生产过程中，与原有的乡村文化传统之间有一定的关联性，由于基层政府，包括区、镇以及村落里的干部，大多数都来自本地，人力资源管理的本土性使得政府在主导乡村文化生产，会依照农民日常生活所喜爱的文化形式，进行设定。这种设定反过来，对原有的乡村文化生产的潜在秩序进行了重新秩序化的过程。

第三，乡村文化组织员视角下的乡村文化生产实践，带有一定的自组织性。

在行政性、重新秩序化过程中，文化组织员参与到农民自身的文化大集中。这种文化大集的形式，一部分延续了传统农村集市的形式，在小商品交易的基础上发展起来的农民文化娱乐形式，在固定的地点、固定的时间，周围的农民都去参加；另一部分则是由镇文体中心直接发出通知，农民自愿报名参加，以文化比赛的形式来对乡村文化进行再生产。这两种形式都带有一定的自组织性。第一种形式是在集市的基础上，形成了约定俗成的形式，地点是免费的，时间是固定的，参加的人员虽是自愿的但有一定的组织性；另一种形式，虽然是比赛的形式，但主要是以农民原创的节目为主，因此节目形式实质上是农民主导的。这两种乡村文化的生产都带有一定的自组织性。

文化组织员在乡村的设置，迄今已超过 10 年时间。而在城市的社区中，也开始设立文化组织员这一形式。那么，设立文化组织员这一职位，对乡村文化乃至对当代文化的发展而言，可以带来的思考是什么呢？

第一，乡村文化组织员视角下的乡村文化生产，具有文化再生产特征吗？

在行政性、自组织性和重新秩序化过程中，乡村文化的实践形式通过节目内容的原创性与行政性的结合、节目形式固定化与节目内容原创性的组织，以及当代大众网络语言、乡村方言俚语等节目表达方式的混杂，在呈现乡村文化地域性特征的基础上，也再现了当代乡村文化的再生产特征。这一点，在笔者所考察的乡村文化生产过程中呈现得十分明显。文化组织员一方面承担了引导者的角色，另一方面也承担了执行者的角色，同时也是其他乡村文化生产形式（比如文化大集）的参与者。这三个层面的乡村文化生产，一定程度上都呈现出乡村文化再生产的特征。徐勇认为，中国社会依赖两种关系来实施以文治理，即物的依赖关系和人的依赖关系，人的依赖关系建立在自然经济基础上，物的依赖关系则建立在市场经济基础上，而现阶段的以文治理则应该集中在公共文化建设上。公共文化的主要提供者为政府，政府要给农民提供均等的、多元化的公共文化服务，采用将公共文化服务与农民的日常生活结合起来的方式，实现文化服务的有效供给，从而实现更为有效的乡村治理①。本书研究所呈现出来的乡村文化生产实践过程表明，不能将公共文化服务的提供者完全放置在政府身上，农民自身所形成的文化大集、节假日自发组织的各种文化活动，在村镇文化活动中，再造了一种新的公共文化形式和文化公共空间。文化组织员在其中承担了农民与政府之间的媒介作用。

第二，当代乡村文化生产中文化组织员的角色，如何在行政角色和日常角色中加以区分？

乡村文化生产中，农民的主体性自然毋庸置疑。如何将农民的主体性建立在理性反思的基础上，并在现有的市场逻辑、乡村治理逻辑和乡村社会的文化逻辑的混杂现实中，对乡村文化的实践进行重构，这不仅

---

① 徐勇：《两种依赖关系视角下中国的“以文治理”——“以文化人”的乡村治理的阶段性特征》，《学习与探索》，2017 年第 11 期，第 63 页。

关涉乡村社会结构的调试问题，也涉及乡村现代化过程中人本身的现代化问题。有学者认为，乡村文化生产中出现了“中心个人”的概念，成功的“中心个人”所需具备的文化特质有：会做人、公平公正、为集体利益考虑。这三个特质形成递进结构，一起建构了“中心个人”的文化生产。在后集体时代的当下，文化生产的结构发生了根本变化，公平公正与为集体利益考虑日益为个人利益合理化所替代，“中心个人”呈现出痞子型人物的趋势[①]。笔者认为，文化组织员与“中心个人”的概念有交叉之处，比如为集体利益考虑，公平公正，但文化组织员本身属于政府行政管理中的一员，其所主导或参与的文化生产，是一种以多种因素引导、来自农民原创性的因素为主导地位的实践过程。在这个过程中，乡村文化组织员既是一种整合的力量，也是一种分离的力量，整合的力量意味着他们可以将中央政府、基层政府、自我与农民对乡村文化的诉求融合在一起，分离的力量则意味着他们借助农民的身份、作为自我的个体身份，不断在乡村文化实践中拓展着乡村文化的形式与内容。

第三，决定乡村文化生产之实践逻辑的因素是什么？

学者认为，从乡村文化的历史发展脉络而言，国家力量、土地改革和市场经济是影响乡村文化发展的三股不可忽视的力量，它们决定了乡村文化的发展态势和发展路径[②]。而在市场化语境中，文化持有者对自身文化往往缺乏自知，倾向于强势的文化，强势文化逐渐侵蚀乡村文化，改变着乡村文化生态，乡村文化空间和文化意向逐渐变得模糊和摇摆。因此，要改变对乡村文化的毁弃和吞噬的状态，重建乡村的文化空间和文化意向至关重要[③]。根据调研，笔者认为，决定乡村文化生产的实践逻

① 李晓斐：《乡土社会“中心个人”的文化生产与当代转型——以河南省路村调查为例》，《北京社会科学》，2016 年第 7 期，第 80-85 页。

② 赵旭东：《文化认同的危机与身份界定的政治学——乡村文化复兴的二律背反》，《社会科学》，2007 年第 1 期，第 55-63 页。

③ 李佳：《从资源到产业：乡村文化的现代性重构》，《学术论坛》，2012 年第 1 期，第 77-81 页。

辑的主要因素在村级文化组织员。而影响乡村文化生产的理论逻辑的主要力量则是中央政府。二者之间往往并非总是处于一致状况，而是常常处于冲突与妥协中。

研究指出，国家对乡村社会的治理，自 1949 年以来，通过对乡村社会的改造使得国家与社会之间的关系发生了较大的变化。一种以国家的名义对乡村社会的书写模式在 1978 年的乡村改革之前已经基本形成。这种书写模式更加强调现代性的诸种特征，极力强化传统与现代的分离，并且以改造个人为手段来改造社会，随着市场逻辑在乡村的渗透，改革初期所倡导的“文化搭台经济唱戏”则转向了文化产业的路径上。同时，被忽视的民间文化通过政府接纳和政府理解而逐渐正当化。在这样的国家与民间互动过程中，“一种以国家名义对于乡村文化的书写嵌入了乡村文化的内涵之中，使得乡村文化的原有特质发生了转变。在这种书写的加减法中，传统得到了一种再造，这种再造不是在民间，而是在国家的想象之中”①。

基于本章的研究，笔者不完全同意上述观点。村里的文化组织员，作为文化生产的主要载体和文化生产实践的主要运作者，其身处国家与社会、政府与农民之间，在文化生产实践中，他们既是传统文化的携带者，也是传统文化的延续者，同时也是新型的乡村文化生产与实践的逻辑运作者，换言之，村落的文化组织员一定意义上正在重塑中国乡村文化的新实践逻辑，这种新的实践逻辑，走向何方，还需继续观察与思考。

---

① 赵旭东：《以国家的名义重新书写乡村文化：以河北两庙会为例》，《河南社会科学》，2009 年第 6 期，第 81 页。

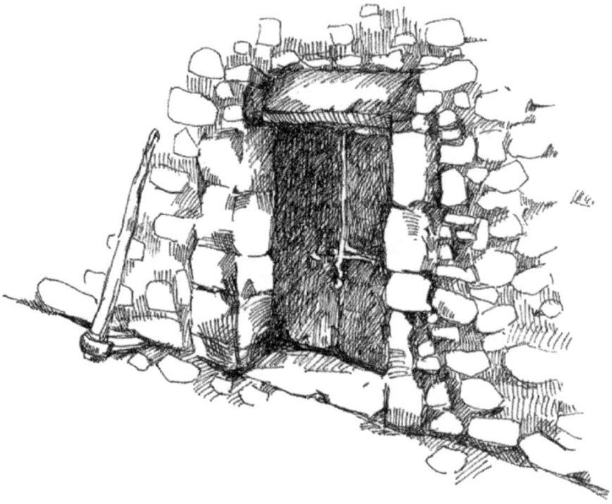

第二章　“嵌入者与终结者”：乡村文化实践中的新媒体

杨某，59 岁，是北京郊区某村的妇联主任、文化组织员和村党支部委员。她所在的 Y 村，距离镇里有 10 公里左右，从镇里到村里，都是柏油路，乡间小路在田野里横穿。Y 村户籍人口有 600 多人，处于北京近郊，处于“随时”拆迁状态，所以村民们娶媳妇了或者嫁人了，也不会把户口迁来或迁走，维持着等待拆迁的状态。即便生了孩子，也依旧在村里办户口，因此，村里的户籍人口很稳定。杨某笑着说，“我们村虽然小，但在镇里区里的文化活动比赛中总是前三名。因为我们人数少，得不到第一名。”该村村委会门口有一个 46 寸液晶显示屏，放置在村委会门口的墙上。在村委会办公室的监控里，可以看到经过村委会的行人和车辆。村委会的大门富有年代感，穿过村委会的拱形长廊，进入村委会。这是一个典型的四合院，左边是会议室，右边是图书室，从左边的会议室开始沿着环形的长廊，分别是村委会的办公室和村里的文化活动中心。村委会的院子有 60 平方米的样子，天气晴朗的时候，这里就是村民举行各种文化活动的场所。杨某是村里的妇女主任兼文化组织员，她担任这两个职务主要是因为喜欢文化活动，喜欢热闹，爱张罗。类似杨某这种情况的妇女主任兼文化组织员的村落，在北京近郊有很多，她们的年龄集中在 50～65 岁，承担着乡村文化活动的组织者、宣传者和策划者的工作。乡村文化的生产与维护、实践与创造一定程度依赖于这样一个特殊的群体。

就乡村社会的属性而言，费孝通先生曾将中国乡村社会定义为熟人社会[①]。熟人社会的行动逻辑在于：从农村抽去了资源、使得人家关系货币化外，还改变了村庄本身预期[②]。贺雪峰提出的半熟人社会，是与自然村相对而言提出的一个概念，自然村的村民拥有村落共同的生活空间，行政村虽然拥有系统的行政空间，但或许并不一定拥有共同的生活空间，这类行政村可以称之为半熟人社会[③]。“随着乡村大量青壮年劳动力长年在外务工生活，导致农村生活的主体长期缺场，乡村社会异化为‘无主体熟人社会’。”[④] 也有学者提出“双主体半熟人社会”[⑤]“移动主体熟人社会”[⑥]“弱主体熟人社会”[⑦] 等，这些基于熟人社会基础之上对于乡村社会特征的模式，基本是针对不同的村落类型。应该说，这几类乡村类型在中国当下乡村社会中并存，有的村落中几种关系并存，有的村落里是一种关系占主导地位。本书所研究的村落，尽管是在北京郊区，同时也是一个熟人社会，村落的户籍人口自新中国成立以来变化不大，婚丧嫁娶也没有促使村落的人口有较大的起伏，家庭与家庭之间的关联性依然存在，尽管村民居住的空间有了一定的调整和改变，但熟人社会的特征十分明显。那么，是否是无主体的熟人社会的村落呢？也不尽然，该村落基于其特殊的地理位置，外出务工者通常下班回到村落里，但是进入村

---

① 费孝通：《乡土中国　生育制度》，北京：北京大学出版社，1998 年版，第 51 页。

② 贺雪峰：《熟人社会的行动逻辑》，《华中师范大学学报（人文社科版）》，2004 年第 1 期，第 7 页。

③ 贺雪峰：《论半熟人社会——理解村委会选举的一个视角》，《政治学研究》，2000 年第 3 期，第 61-69 页。

④ 吴重庆：《从熟人社会到“无主体熟人社会”》，《党政干部参考》，2011 年第 2 期，第 25-26 页。

⑤ 陈绍军，任毅，卢义桦：《“双主体半熟人社会”：水库移民外迁社区的重构》，《西北农林科技大学学报（社会科学版）》，2018 年第 4 期，第 95-102 页。

⑥ 高莉莎：《“移动主体熟人社会”：基于少数民族农民工手机微信使用的研究》，《新闻大学》，2018 年第 2 期，第 41-50，155 页。

⑦ 苟天来，左停：《从熟人社会到弱熟人社会——来自皖西山区村落人际交往关系的社会网络》，《社会》，2009 年第 1 期，第 142-161 页。

落的外来者，大约有不到10人，也是居住在村落里，白天外出务工，晚上返回村里居住，基本还处于有主体熟人社会中。因此，该村落作为一个研究案例，有一定的代表性。

就乡村的文化制度而言，学者借助费孝通先生的差异格局概念，指出“差序格局的维系有赖于尊卑上下的等级差异的不断再生产，而这种再生产是通过伦理规范、资源配置、奖惩机制以及社会流动等社会文化制度实现的”，[①] 因此，乡村文化在其中扮演着维系传统乡村社会秩序的功能。也有学者用有无地方性共识来对乡村社会进行界定，“地方性知识……所形塑的农民的行为逻辑，则是人情取向的乡土逻辑”[②]。地方性知识，是一个弹性的概念，也是一个动态的概念。随着地方性知识的更替，村落的价值观遭遇到挑战。“乡村文化构成乡村秩序的基础，乡村文化的瓦解使乡村秩序失去了基础，没有基础的秩序总是难以稳定的。同时，不对乡村文化未来的演变方向进行分析，也就忽略了乡村秩序的基础。”[③] 从乡村文化实践活动的角度关注乡村社会，可以给认知乡村秩序提供一个视角，而这个视角同时也为从形而上视角理论乡村文化提供反思与新的路径。

本章研究所选择的Y村，是一个典型的熟人社会村落。当这种典型的熟人社会遭遇到新媒体和村民流动的情形时，在村落文化活动的实践上会有怎样的形式呢？换言之，在新媒体时代，作为乡村秩序基础的乡村文化活动实践如何进行？其如何影响了乡村的秩序？新媒体在其中又扮演什么角色呢？这里的新媒体是指以互联网为信息来源、以移动传播终端为技术中介的媒介形式，主要是微信和短视频。

---

① 阎云翔：《差序格局与中国文化的等级观》，《社会学研究》，2006年第4期，第201-213页。

② 陈柏峰：《“熟人社会”变迁研究》，《江海学刊》，2014年第4期，第99-102页。

③ 扈海鹂：《变化社会中的乡村秩序与乡村文化》，《唯实》，2008年第12期，第50-55页。

一、文献回顾

乡村社会秩序的产生主要有两种逻辑：一是自上而下的国家逻辑，二是产生并维持乡土场域的自下而上的民间逻辑，前者代表国家在场，后者借助民间熟人社会的历史传统以及人际网络建构秩序而形成的，这两种秩序之间会有良性互动，但是碰撞也时有发生①。而“法治”与“礼治”结合则是乡村社会秩序的未来趋势②。也有研究认为，乡村社会秩序是以内生性秩序为主，但行政嵌入型秩序对其乡村社会秩序的干预影响很大，这种干预过程导致了乡村内生性的自治力量，被压制、被遮蔽的现实③。

从城乡流动对于乡村社会的影响而言，从乡土中国到离土中国，乡土社会原有的土地资源和血缘关系为经济根基的均衡状况遭到了挑战。乡村经济的边缘化，决定了乡村文化的边缘化。随着乡村意义的坍塌，在政府、市场和传统三种力量的博弈下，乡村文化摆脱了原有的文化复制形态，进入乡村文化再生产的机制中④。乡村文化再生产的秩序，在传统社会向现代社会转型中，处在不断挤压下动态的重构中。现代公共文化服务体系建设与优秀传统文化传承发展两大国家战略，无疑是介入乡村文化“再生产”秩序的重要“他组织”力量⑤。孙庆忠用“形散”而

---

① 李斌，黄改：《秩序与宣泄：乡村社区治理中的互动逻辑》，《理论学刊》，2019 年第 5 期，第 130-140 页。

② 凌唯钊，陆倩倩：《新中国成立 70 年乡村社会秩序的演变和趋势》，《农业经济》，2002 年第 6 期，第 42-43 页。

③ 尹广文：《“新乡土中国”社会团结的秩序基础——兼论新中国成立 70 年来乡村社会秩序建构》，《西北农林科技大学学报（社会科学版）》，2019 年第 6 期，第 19-30 页。

④ 李佳：《乡土社会变局与乡村文化再生产》，《中国农村观察》，2012 年第 4 期，第 70-75 页。

⑤ 闫小斌，范红，闫毅：《乡村文化再生产的秩序重构》，《图书馆论坛》，2020 年第 1 期，第 1-7 页。

"神聚"来形容乡村文化的当下处境①。

乡村文化实践的尝试既是外援力量的推动，也是文化自觉的表现，也是当下生存需要的地方力量行动的使然。它在多重力量的相互作用中，不断地选择调适着自身的实践逻辑，表现出了既非完全的"自治"，也非完全的"他治"②。越来越多的乡土青年转化为务工青年，农村文化面临着坚持者老龄化和文化断层的情形，农村文化日益式微，离散型、分散性、无根化成为农村文化的发展趋势③。基层的文化组织员，使得乡村文化的生产与再生产呈现出行政性、自组织性和重新秩序化特征④。

新媒体对于乡村文化的影响成为学术界关注的新话题。单向度的农村文化传播，由于过于注重信息的传达和以改造农村文化为目标，往往忽视了文化传播代理人的能动性，也忽视了农民的文化认同和积极参与⑤。乡村在大众媒介时代始终是以被改造的形象出现的，农民利益表达渠道的阻塞在于乡村传播体系的结构失衡⑥。大众媒介塑造的主流文化改变着乡村的社会结构，对农民的思维范式、交往行为等产生了影响⑦。因此，大众媒体介入可以重新形塑行动者的认知，改变了村民的预期⑧，大众媒介也应担当起弱势群体与政府之间的沟通与对话的平台，为弱势群

---

① 孙庆忠：《离土中国与乡村文化的处境》，《江海学刊》，2009年第4期，第137-142，240页。

② 余珍，冯钰伟：《生计方式的变化与变动中的乡村秩序——以柏林弯社区文化实践为例》，《广西民族研究》，2018年第1期，第120-127页。

③ 王蓉：《社会流动中的文化分化与观念断层——乡村青年群体的比较视角》，《中国青年研究》，2012年第7期，第86-90页。

④ 李红艳：《当代乡村文化生产的实践特征及其理论价值》，《人民论坛·学术前沿》，2018年第13期，第60-69页。

⑤ 陈楚洁，袁梦倩：《文化传播与农村文化治理：问题与路径——基于江苏省J市农村文化建设的实证分析》，《中国农村观察》，2011年第3期，第87-96页。

⑥ 乔同舟：《乡村社会冲突中的利益表达与信息传播研究——兼论大众传媒的角色与作用》，《新闻与传播评论》，2010年第1期，第91-100页。

⑦ 邱新有，罗杏：《从传播的仪式观看乡村文化的嬗变》，《江西师范大学学报（哲学社会科学版）》，2011年第6期，第38-41页。

⑧ 易前良，林雯：《乡村集体行动中的信息传播研究——以小陶村"新河"污染事件为例》，《国际新闻界》，2012年第7期，第8-13页。

体的利益诉求和话语表达提供渠道和空间[①]。

新媒介出现之后，媒介的乡村叙述出现了多元化的场景，乡村衰落论是新媒体乡村叙事中的极端化表现[②]。就短视频这一新的乡村呈现平台而言，乡村文化作为一种与主流对照的亚文化最终无法逃脱被收编的命运，或被都市话语作为娱乐对象进行选择性呈现与建构，又或被商业话语消解[③]。但是，与此同时，乡村民众在其中由乡村叙事中的“他者”转变为自我言说的“主体”[④]。短视频中呈现出的符号集合以短视频的方式在互联网中汇聚，形成乡村群体的亚文化进行寄情表达、认同获得，并对主流文化做出消解对抗的尝试[⑤]。

现有研究集中在乡村社会转型中乡村文化的处境上。关于新媒体的研究，则集中于乡村文化在媒体中的视觉化展示上，对新媒体在乡村的文化实践中，对乡村秩序产生了怎样的影响这一视角的研究相对缺乏。本章从北京郊区村落文化活动的组织视角，通过对乡村文化活动实践的描述与解释，分析乡村文化活动在新媒体时代如何影响着正在变动中的乡村秩序。

二、研究资料与研究方法

本章的研究资料主要来自实地调查。实地调查的时间为 2019 年 6—9

---

① 郑素侠：《传媒在弱势群体利益表达中的角色与责任——基于中层组织理论的视角》，《新闻爱好者》，2012 年第 24 期，第 6-8 页。

② 田玉军：《新媒体的乡村叙事与乡村图景》，《新闻爱好者》，2017 年第 8 期，第 61-64 页。

③ 刘娜：《重塑与角力：网络短视频中的乡村文化研究——以快手 App 为例》，《湖北大学学报（哲学社会科学版）》，2018 年第 11 期，第 167-174 页。

④ 沙垚，张思宇：《公共性视角下的媒介与乡村文化生活》，《新闻与写作》，2019 年第 9 期，第 21-25 页。

⑤ 栾轶玫，苏悦：《“热呈现”与“冷遮蔽”——短视频中的中国新时代“三农”形象》，《编辑之友》，2019 年第 10 期，第 38-48 页。

月。调查的地点为北京郊区的Y村，获取资料的研究方法为参与式观察、焦点小组法。其中，访谈者为8人，村落的村党支部书记兼村委会主任（1人）、第一书记（1人）、村委会副主任（1人）、妇女主任兼文化组织员（1人）、村民代表（4人）。访谈采用面对面的方式，现场录音笔录音的形式进行记录，采访时间为2019年6—9月。参与式观察主要是2019年8月10—12日进行的，调研小组在村落里进行了实地考察，走访了村民4人。除此之外，还考察了村里的文化活动场所，在村委会开展小组交流1次，时间为2019年8月10日，地点为村委会的会议室，参加者有村党支部书记兼村委会主任、第一书记、村委会副主任、图书管理员、村民代表等，持续时间为3小时。

Y村在乡村文化生产和实践上具有较强的代表性。首先，Y村的文化活动形式多样化，村落不大，但是该村落在区里和镇里获得文化活动的奖项很多，对该村进行文化实践的考察所获得的结论，有一定的预测性和前瞻性；其次，Y村的地理位置有特殊性，交通便利、人口流动性较大，虽然村落拆迁，但是村居都是在原来村落的基础上重新修建，村民原有的社会关系得以维护，外出务工者也在不断将村落之外的信息引入村庄中，这种形态基本保留了熟人社会的基本特征，对其进行研究，有较强的普遍性和典型性，可以较好地考察处在城乡之间乡村变迁的轨迹；最后，该村落村民年长者留守占1/3，新媒体在乡村文化实践中扮演的角色，与当下乡村社会中的常住人口基本吻合，也就有较强的可行性。

本章将从乡村文化实践的秩序构建中，新媒介如何从隐性在场者、“嵌入者”以及“主宰者”三个层次进行论述。

三、乡村文化实践的秩序初现：作为隐性在场者的新媒体

作为乡村秩序的根基之一，乡村文化的秩序源自何处呢？维持一个乡村的文化秩序，不能仅仅依靠观念，也不能依靠文字的规定，还必须

赋予它一种合理性的仪式（rite）①。仪式不仅是维持乡村社会秩序的必要条件，也是传统社会中国家获得合法性的来源。“在儒者看来，仪式不仅是仪式，而且是一种暗示，衣服不仅是衣服，而是一种象征，这种仪式和象征在社会是对秩序的确认，是个人对嗜欲的制约。”② 乡村生活的根基便是延续了这种仪式而自然而然外化为行为方式。正如费孝通先生所说，“乡土社会是靠经验的，他们不必计划，因为在实践过程中，自然替他们选择出了一个足以依赖的传统生活方案，个人依着欲望去活动就得了”③。这种欲望，不是生理欲望，而是对于生理欲望的节制和调整，是在习惯中形成了自然风俗的文化思维。这种文化思维与传统习俗为根基而形成的文化仪式密切关联，也与村落的传统秩序不可分割。

Y 村的文化活动是随着乡村四季的更替和节假日的秩序来设置的，村委会有自己的规划和安排，但是这些规划和安排，部分是依照行政工作的规定时间来设置的，与村民个人和家庭生活、工作的安排之间出现了冲突的时候，如何处理呢？这种冲突，本身是对熟人社会关系的一种挑战。面对这种情况，熟人社会为根基的乡村文化活动如何组织呢？

Y 村的文化活动一部分是镇里制定的任务，另一部分是由村委会的妇女主任兼文化组织员组织起来的。一年 12 个月里，每个月都有文化活动，文化活动点通常在村里的文化厅，文化厅在村委会大院里，文化活动的主要形式是合唱、跳舞和秧歌。节假日还有运动会、诗歌比赛等文化活动。

> 每个月都有舞蹈比赛，参加的人都是村里的，要比赛，每天晚上都得练舞。（Y）
>
> 镇里有指定的文化活动，每个村都要参加，全镇比赛。有一定的经费。我们是个小村，但是文化活动还总得奖。（村党支

① 葛兆光：《古代中国文化要义》，上海：复旦大学出版社，2012 年版，第 42-43 页。

② 葛兆光：《古代中国文化要义》，上海：复旦大学出版社，2012 年版，第 45 页。

③ 费孝通：《乡土中国　生育制度》，北京：北京大学出版社，1998 年版，第 86 页。

部书记兼村委会主任 A）

Y 村 600 多人，外出务工者 300 人。但是外出者选择打工的地点距离村庄不太远，晚上就会回到村里。概括来说，这个村里的人，还处在熟人社会的关系状态中。但并不意味着村民很主动参加各种文化活动。文化组织者也不能直接去串门，现在的村民隐私观念很强。

大家都认识，有兴趣参加的人并不多。村里的人也很注意保护隐私，不像之前，可以随便去谁家，特别是年轻人。（村第一书记 B）

现在二胎放开了。都要二胎，白天年轻人都上班，晚上年轻人都在家看孩子，活动是自由参加的，也不能硬性要求参加。（Y）

对于文化组织员而言，组织一个文化活动十分不容易。从时间上看，白天村民要忙，晚上务工的村民回来了，要照顾家里。空间上，因为乡村村民工作地点的多样化，也无法在中午休息进行组织。即便村民在家，也不能直接上门。在时间和空间被割裂的情形下，在村民观念不断改变的情形下，如何使得村民可以更大多数地以各种方式参与呢？

首先，Y 村保留着村里的大喇叭，大喇叭在村委会大院门口，有文化活动的话，先在大喇叭里通知一下，再在村里组建的不同微信群里给全体村民发通知。

村里大喇叭更换了几次，现在的质量很好，还带着音响，声音很大，隔壁村都能听见。（村第一书记 B）

我们每个月有例会，布置文化活动，通过文化组织员微信群通知我们，村里有各种群，舞蹈群、唱歌群等，因为跳舞的人多，除了大喇叭外，微信群里发通知，通知不到的，就没办法了。（Y）

因为 Y 村还没有拆迁，基本保留了原有的农耕社会的居住空间，合唱队、秧歌和舞蹈是村里比较大的文化活动形式，这三个队伍的人数也最多。参加的秧歌队年纪最大的有75岁，舞蹈队集中在50～65岁，合唱队参加的人和前两个队伍有交叉，年轻人更多一些，因此合唱队的所有活动都在晚上或者周末、节假日进行。参加这几个大型文化活动的，都需要签到，签到的表格以Excel表格形式分别呈现在村委会的电脑里。此外，在村委会的文件里，还看到了文化室的规章制度。比如制度规定："文化室由本村文化组织员负责日常管理，其职责主要为按规定时间开关门，保持室内清洁卫生，维护、维修设备。文化室的开放时间为每个工作日的9：00—11：30，14：30—18：00，19：00—21：00；节假日全天开放。活动人员必须遵守开放时间，不得随意要求提前或延长。"显然，乡村文化室的开放时间是按照村民可以参与文化活动的时间以及村落里工作时间弹性化的村民以及不再工作的村民的时间来设置，但现实情况是，节假日成为村民们在文化室的主要活动时间。

基于上述时间的限制性，新媒体，尤其是微信群、短视频等成为村民参与文化活动的主要形式之一。因此，除了大喇叭之外，在全村微信群里发了通知后，虽然很多村民不能参加，但是晚上出来观看的村民有不少，带着孩子的人，可以一边观看，一边聊天，也可以一边评论拍照，也可以下场参加。熟人社会的力量在这种现场的活动中，展现出来。

> 来看的村民很多，一般吃完饭没啥事就去。（村委会副主任C）

换言之，在由镇里布置、村里自行组织的文化活动实践中，微信扮演着了"隐性中介"的角色，Y村几乎人人都用微信，村民们并不觉得文化活动的各种微信群信息繁多。

> 都是熟人，就像在面对面说话、聊天，还不用总出门。像一些文化活动吧，带着孩子去放松，挺好的。孩子可以找小伙伴玩儿，我也可以跳舞唱歌，乐呵乐呵。（村民B）

作为新媒体形式的微信，在乡村文化活动的组织与信息通知中，与大喇叭一起组合成新的媒介形式。无法去现场参加文化活动的村民们，可以通过网络“观看”熟人世界中的活动，身体在家，却延伸到文化活动中，“隐性”的新媒体，悄然登场，前台的文化活动如火如荼，人们似乎在隔着年代行走着；后台的文化活动，却是静悄悄的，在村民们的家中，展开了另一种形式。因为“人性本身是一个‘文化’所包含的‘整个生活方式’的产物”①。

四、乡村文化实践的秩序中端：作为“嵌入者”的新媒体

每个人进入社会的时候，通常都会带着习惯和感知。这些习惯和感知，源自他所在的社会传统。“正因为人生下来并不是一个完全适合集体生活的动物，所以我们的集体生活不能全由本能来完成，而求之于习惯。”② 习惯在乡村社会中，是由传统在日常生活中的积淀完成的。因此，在Y村，看起来十分“现代的”的文化形式和文化秩序，也是以习惯为前提的。

如前所述，Y村的文化活动，除了跳舞、唱歌、秧歌等之外，还有诗歌朗诵比赛、武术比赛，假期里组织的学生读书比赛，春节里的运动会、春晚等形式，加上婚丧嫁娶等民俗文化形式，这些文化实践综合起来，逐渐开始形成一个村落里的文化实践秩序。③ 这种文化实践的秩序，是一层层在文化活动的行为中形成的。

首先，从村里的图书室说起。Y村的图书室就在村委会大院里，图

---

① 雷蒙·威廉斯著，高晓玲译：《文化与社会：1780—1950》，长春：吉林出版社，2011年版，第40页。

② 费孝通：《乡土中国 生育制度》，北京：北京大学出版社，1998年版，第190页。

③ 这里所说的文化实践秩序，意味着两层含义：首先，乡村文化的秩序，是通过诸多的文化活动的日渐累积而形成的。其次，这里的秩序是以实践为中心形成的。实践与秩序之间的勾连是缓慢形成的，是动态的，不是概念化的和抽象化的。

书室里面有一台电脑，第一书记B介绍说，这些图书都已被编码，录入电脑，村民借阅的时候可以通过电脑进行登记，省去了书写的麻烦，也可以保证图书的延续。但是爱来图书室读书的村民并不多，图书室多数情况下处于闲置状态。Y，是村里的妇女主任兼文化组织员，她说：

> 就现在这个社会趋势，谁还能静下心看书？读书就体现一个国家的气质。现在都抱个手机，老人们都是这样，别说年轻人了。村村有图书室，谁去呀？我倒闲得没事去翻翻。图书主要是镇里购买，送到村里的图书室。

调研时正逢暑假，村委会组织了暑假在家学生进行作文比赛。参加比赛学生们的作文被打印出来，放在图书室，供外来者评阅。图书室里的书以文学、历史为主，还有少部分与农业技术相关的书籍。这些文学、历史类的书籍，主要是学生课外书目。图书室的管理员也是文化组织员Y来兼任。

“假期里来的学生不少，”Y打开图书室的电脑，借阅记录十分清晰地呈现在眼前，村里为了鼓励学生们在假期里读书，除了作文比赛，还组织了诗歌朗诵比赛。暑假在村里的学生们几乎都参加了。

其次，说说日常的乡村文化实践活动。特殊节日——七一红歌比赛、“一二·九”歌曲比赛、武术比赛、春晚以及春节运动会等，这些都是村里十分隆重的文化实践活动。春晚由村委会组织，每年在村委会的大院里举行，村民自愿参加。主要形式有大秧歌、跳舞、旱船、小车会等。正月十五各个村集中在镇里参加元宵节庆祝活动，社火表演依然比较流行。正月十五的活动是由镇政府来组织，经费也由镇政府资助。村里的运动会则是由村民自发组织，娱乐为目的，形式不限，参与为主要目的。除此之外，Y村像其他京郊村落一样，也有村里的露天电影院，就在村委会大院里面，每个月根据镇里发放的光盘放映电影。一般来说，镇里每个月给村里10部电影光盘，村委会根据这些电影挑选着给村民播放。

虽然2020年处在新型冠状病毒性肺炎疫情期间，3月8日，A村还是举行了文化活动。A 村文化组织员的报道写道："A 村举办'弘扬文明新风、传播家庭美德，与美丽为伴、携幸福同行'与民同乐庆祝三八节活动。此次活动流程安排有序，分别有独唱、二重唱、合唱、谜语竞猜、亲子互动。活动在村妇女主任和村委会干部热情洋溢的祝福中拉开帷幕。整场活动以文化为底蕴，集文艺、竞猜、亲子互动，献爱心等多种活动相结合，充分体现了和谐家庭、健康生活、文明村风的新时代精神风尚，在欢乐祥和的氛围中活动圆满结束。"

再次，就是民俗文化活动，比如婚丧嫁娶等。

> 现在搞移风易俗，（婚庆活动）简化了，就是亲朋好友聚一下，越来越简单了。娶媳妇在村里是三天，流水席、搭个棚，图热闹，人越多越好，就在村委会院子里办，一桌十多个人，鸡鸭鱼什么的都有，原来结婚有戏班子，现在几乎没有了。上饭店的话，就一天，吃一顿。嫁出去的都不迁户口。（村民 C）

在上述这些文化活动的实践中，乡村文化秩序逐渐显露出来了，那么，在这种秩序的核心处，新媒体处于什么位置呢？笔者认为，"旁观者"这个角色，比较恰当。

首先，就宏观而言，互联网在乡村的普及已经成为一个活生生的现实，村里年长者 80 多岁的老人，也有智能手机。依靠手机，与"离身"的人们之间的交流，逐渐脱离了面对面的形式，村里的文化活动，老人们更喜欢参与。互联网改变了乡村文化活动的实践过程，也重构了乡村文化生活的秩序。在上述文化活动中，比如图书室的活动、民俗活动中，村民们通常会将图片发布于村落的各种微信群。

换言之，新媒体在乡村文化生活的传播中，是以旁观者的身份维持着乡村社会的熟人关系的，微信群里的"熟人们"往往喜欢用语音进行交流和分享。熟人社会的关系尽管在新媒体时代遭遇到了一些挑战，这些挑战在人人都有智能手机的现实中，被消弭了。但微信群对村庄外来者，通常处于严格的警惕状态。Y 村有外来务工人员，始终没有被纳入村里的微信群里。调研者曾经问是否可以加入村里的文化活动微信群，被委婉拒绝了。

除了通过微信群在乡村内部熟人社会的传播之外，另一个传播方式则是村民对短视频平台的使用。各类短视频平台是村民发布文化活动的首要平台。但是他们拍摄的短视频，主要不是为了发在微信群和朋友圈，各个村里没有微信公众号，只有镇里有。抖音、西瓜视频，年长者几乎不用，年轻人会经常使用。火山视频，有村民在此买衣服，但是觉得不便宜。全民 K 歌只是为了听熟悉的村民唱歌。

最后，无论是在村里的微信群还是在短视频 App，熟人始终是新媒体实践的一个前提。换言之，作为“旁观者”，新媒体维护着新的文化秩序，也以这种文化秩序的守卫者而不断调整着乡村的日常生活秩序。

从村落社会里延续的日常习惯，到当下村落的文化活动与文化实践，以熟人社会为主要特征的村民群体，基于外出务工和乡村农业职业多样化的现实，在时间和空间的排列中，依靠微信群、短视频 App 的嵌入，乡村文化的实践秩序得以生产并得到了维护。这里的嵌入，有两层含义：一是作为微信和短视频的新媒体形式是以乡村文化秩序的一个分子潜藏在乡村文化实践中的；二是嵌入在乡村文化实践中的新媒体形式，与熟人社会的属性是相互嵌套的。

五、乡村文化实践的秩序凸显：作为“主宰者”的新媒体

对一个村落而言，随着这些看起来“不起眼”的文化活动，一个不是很清晰但体系完备的村落文化活动通过规定和非规定的动作、传统与现代的对接等形式，村落的乡村文化实践体系凸显出来了。随着村落乡村文化实践体系的建立和运行，村落文化实践的秩序也随之建立了。

Y 村，人人家里都有电脑，这是一个熟人社会为基础的村落，但同

时又被新媒体"无孔不入"地渗透着。文化活动的主要规划者是代表政府的区、镇和村委会，文化活动的主要参与者都是本村的村民，乡土与国家在村落文化秩序的关系协调中，不是单一的自上而下，也不是纯粹的自下而上，而是在相互勾连中不断调适这种关系，乡村文化秩序便是这种调适过程中的一个中介因素。

新媒体，尤其是微信和短视频 App，从村民的文化实践中的隐性状态、从文化治理的缺席状态，渐渐走向了乡村文化实践的秩序中心。在这种逐渐凸显的乡村文化实践秩序中，新媒体不再是隐性在场者、也不再是"旁观者"，而成为文化秩序的主体。这个主体一开始是以日常化的形式出现的，最终却以"嵌入者"和"主宰者"的形式呈现出来。2019 年年底突如其来的新型冠状病毒性肺炎疫情对于乡村的文化实践而言，是一种短暂的停滞。但是村落的村民们，并没有由此改变生活习惯，短视频 App 和村里的微信群成为他们获得乡村文化实践的网上场所。

首先，这种"主宰者"的身份意味着乡村秩序终端的凸显。乡村社会的转型与裂变是一个渐进的过程，Y 村依然处在熟人社会关系中，但村民的流动出现了代际迁移的现象。与其他村落不同在于，该村落由于地理位置的优越性，"时刻"处在城镇化的序列中，村民主要到附近打工，城镇化使得村落里的熟人关系变得有些不同。而新媒体在文化实践活动中扮演的角色又使得这种熟人关系在"虚拟主体在场"中获得了再度分异。再度分异意味着村里的青年人，尽管会在新媒体中获得"相遇"和"参与"的机会，但是这种机会，并非以纯粹熟人社会的交往为特征，而是以一种"避而不见"的方式。这种方式也导致代际更替中的青年人，对于村落的眷恋感日益减弱，进入陌生化城镇中的交往技巧日益纯熟。

其次，在虚拟主体在场中，新媒体扮演了将乡村文化实践落在熟人社会关系网络中的角色。研究指出，乡民利用微信群生成新的社交和生活方式。[①] 微信群拓展了村民线下的社会关联。村民借助社交媒体形成了“互联网自组织”，这一能动性较强的开放组织进一步将分散在不同空间的村民纳入“媒介化合作网络”[②]。本章的研究表明，熟人社会关系中的微信群，并不会生成新的社交关系，但却会在日常生活层面形成一种潜在的乡村秩序，这种乡村秩序尽管是潜在的，却是乡村社会关系的根基。

最后，新媒体中的乡村文化实践的呈现，维护了乡村社会熟人关系的特性。将村庄内与村庄外的社会关系区别得十分清晰，只有自己人在村落的文化实践中才可以有文化身份与文化地位，非自己人虽然在村庄打工，始终是外来者，无法进入村庄的文化实践中，也始终无法获得村庄的合法身份。

本章的主宰者有两种含义，一是指乡村文化秩序的体系在新媒体的形式中得以完成和实现。二是指乡村的文化秩序在实践中，处于内循环状态。无论村民的文化实践是在微信群还是短视频 App，其目的最终都是指向乡村的熟人社会关系。

六、结论与讨论

结论

就历史而言，乡村社会的宗族秩序和传统的等级秩序，在 20 世纪上半叶的社会运动被陆续瓦解了，“这一瓦解显示了‘革命中国’的现代性质，但是，另一方面，它又‘征用’了多方面的传统资源并同时成功地

---

① 沙垚：《乡村人际关系和文化秩序的再生产——基于陕西关中庙会微信群的民族志考察》，《中国新闻传播研究》，2018 年第 1 期，第 188-200 页。

② 牛耀红：《社区再造：微信群与乡村秩序建构——基于公共传播分析框架》，《新闻大学》，2018 年第 5 期，第 84-93 页。

转换为一种‘地方性’的现代形态”[①]。这种“地方性”的现代形态，在分离和断裂中不断重塑着乡村社会的秩序。在这个过程中，乡村文化的实践形式，也在自下而上和自上而下的两种坐标中不断博弈着，就像是一体两面的秩序，表层和内里之间充满了张力与不平衡。新媒体在这种张力与不平衡中进入，既有乡村习惯、风俗的因素，也有行政力量的主导性因素，乡村文化活动的实践，成了一个特殊的文化场域。在这个场域中，文化被塑造为一种新的“文化”，这种新“文化”中，新媒体成为一个组成部分。

本章研究的案例为一个京郊村庄，以熟人社会关系为基本属性，乡村文化实践的过程建立在以政府主导为主，村民自发的文化实践活动为辅的文化秩序中。乡村文化实践的形式从春晚、元宵节到不同节日的文化活动，再从图书馆阅读活动到乡村民俗活动；从武术展示、电影放映到歌舞表演等，这一系列的文化实践排列在每年 12 个月的序列中。这种文化序列本身，是顺应着乡村生活的习惯和风俗，也被在前文说述的“地方性的现代性”过程中。互联网十年前进入村落，微信和短视频 App 近几年在村落里成为人人都会使用的工具，作为无名者的村民们，他们渐渐将这个工具带入日常生活中、带入乡村文化实践中。乡村文化秩序的特征由此发生了改变。

新媒体在乡村文化实践的秩序构建中，依次扮演了隐性在场、嵌入者和终结者的角色。这三个阶段新媒体所扮演的角色，对于乡村文化实践而言，构建了潜在乡村秩序的基础，也形成了新媒介和新人际流动条件下熟人社会村落的文化实践特征。这种文化实践的特征以自发性、行政性和自我组织为特征，并以与主流文化不断混合、又不断脱离的形式持续在传统与现代之间获得生命力。

---

① 蔡翔著：《革命/叙述：中国社会主义文学—文化想象（1949—1966）》，北京：北京大学出版社，2010 年版，第 6 页。

讨论

上述的结论中，主要是就村庄内部文化实践的形式整体而言的，没有就某一种特定的文化形态进行分析，其中有两个问题值得进一步讨论：

第一，乡村文化自身的内在实践，新媒体的呈现对于非熟人社会而言，是什么状况呢？

相关研究表明，乡村春晚是重塑国家与乡村、干部与群众之间有机联系的重要媒介[①]。农村青年对新媒体的应用在打破其传统思维定式的同时，也在逐步形成一套新的文化交流势态[②]，而涉农纪录片一定程度上为重建乡村文化自信提供了潜在的可能性[③]，就乡村文化的实践而言，乡村公共文化出现了“低消费”“高福利”模式[④]。

本章研究认为，对于非熟人社会而言，即对于拆迁或者迁移的村民而言，当村庄被分散之后，村民成为居住在陌生空间的陌生人，新媒体在文化实践中的勾连作用将会变得更为突出，线下非熟人关系，依靠线上的文化实践牵引来引导，从而在线下新的社会关系，这种新型的社会关系也是新型社区凝聚力构建的前提。如何更为准确地认知这种社会关系，对于乡村社区化管理意味着什么，这一点还需要进一步拓展。

第二，外来文化对于村庄的输送，在何种意义上可以获得较好的效果？

研究表明，“送文化下乡”一度因为没有结合农民的处境化经验而出

---

① 赵月枝，龚伟亮：《乡村主体性与农民文化自信：乡村春晚的启示》，《新闻与传播评论》，2018 年第 2 期，第 6-17 页。

② 段永杰，董小玉：《新媒体语境下农村文化传播路径探析》，《今传媒（学术版）》，2014 年第 5 期，第 25-27 页。

③ 马梅：《涉农纪录片重建乡村文化自信的理论基础与现实可能》，《现代传播》，2019 年第 4 期，第 117-122 页。

④ 印子：《乡村公共文化的面孔、式微与再造——基于湖北农村老年人协会建设实践的分析》，《南京农业大学学报（社会科学版）》，2015 年第 2 期，第 1-7，124 页。

现“下不了乡”的现象[1]，而且“行政主导或政治控制的文化传播活动，在某些特殊时期能够迅速高效地动员整个乡村社会，但常常无法实现常态化发展。政府的本意和出发点是好的，但这种自上而下的‘送文化’只是缓解了农村社会精神生活状态的暂时空虚而已，并且借着‘拯救者’的姿态使农村的内生文化被压抑和遮蔽”[2]。“电影下乡”虽然始终是中国农村公共文化供给的一个形式。但农民参与不足，“电影下乡”因而缺乏必要的村民基础[3]。改革开放以来，农民的私人文化生活日益封堵，但农村公共文化开始衰落，学者认为是由于农村传统文化中公共理念在消解，认为农村公共文化重构的现实出路应该是“嵌入论”和市场化，即通过农民公共观念和公共文化形式两个渠道的共建和互动，来实现农村公共文化的繁荣与振兴[4]。

本章的研究表明，外来的文化输送在不同的乡村社会中会引起不同的效应，对于熟人社会而言，外出者众多，观念更新迅速，新媒体技术掌握熟练，但是外来的文化信息对他们而言，并不具有太强的吸引力，反而会形成反作用力。对于年长者而言尤其如此，唯有符合村民自我诉求的文化形式才会有生存空间，在这个意义上而言，外来文化唯有和村庄内在的文化秩序关联，才可以获得内在的生机，否则容易形成乡村文化秩序的内在失衡与瓦解态势。

第三，政府主导的乡村文化实践，在新媒体的连接下，是否会转化为熟人社会村落的一种文化的自发实践、进而成为构建新的村庄秩序的

---

① 郑迦文：《文化下乡与精神进城——民族地区农民工公共文化服务的面向及策略》，《贵州社会科学》，2016 年第 5 期，第 84-89 页。

② 陈楚洁，袁梦倩：《文化传播与农村文化治理：问题与路径——基于江苏省 J 市农村文化建设的实证分析》，《中国农村观察》，2011 年第 3 期，第 87-96 页。

③ 李祖佩：《村庄空心化背景下的农村文化建设：困境与出路——以湖北省空心村为分析对象》，《中州学刊》，2013 年第 6 期，第 72-77 页。

④ 吴理财，李世敏：《农村公共文化的陷落与重构》，《调研世界》，2009 年第 6 期，第 3-5，17 页；吴理财，夏国锋：《农民的文化生活：兴衰与重建——以安徽省为例》，《中国农村观察》，2007 年第 2 期，第 62-69 页。

基础呢？

研究指出，“一旦新的观念成了一种人们习惯的信仰，它就会成为美好生活的另一种可资依靠的屏障。那时，我们就会达到一种更为现实的社会信条，把和平共处，以及人们从生存的原料中为自身创造出来的种种同样有效的生活模式作为希望的基地、宽容的基础来接受”[①]。而一个村庄的文化实践，如果不是来自内在动力，主导者为外因的话，一旦外来力量从乡村社会撤退，其倡导的文化样式处境如何，很难预料。本章中的Y村，文化实践活动主导者为40岁以上的村民，他们有内在的文化诉求，这些文化诉求与青年村民未来的文化诉求之间如何对接，也是一个未知数。

疫情对于乡村的秩序建构而言是一种意外的干扰，对乡村文化的实践而言，则形成了短暂的停滞与另一种推动。停滞在于：集体的文化实践由于空间限定而暂时休止了，但是村庄原有的以家族为核心的文化实践则在相对封闭的院落里复苏起来了，新媒体的展示，成为文化实践的平台。乡村，成为疫情中被遗忘的一处文化生产与传播场域。

无论在常态还是在意外的场景中，对于农民而言，他们“对美好生活的设计，首先是基于生存主义本位和职业本位下的一种经验性叙述；其次是以乡村社会的经验记忆和情感牵绊为理想预设的设想；最后是信息的本地经验化和外来信息经验化之间的冲突与交融，始终凸显在他们对美好生活的设计过程中”[②]。乡村文化未来的实践路径，乡村社会未来的秩序构建，恐怕都脱离不了农民这一真正的诉求：美好生活。用雷蒙·威廉斯的一段话，可以用来结束本章的叙述：

“文化观念的历史记录了我们在思想上和情感上对共同生活状况的变

---

① ［美］本尼迪克特著，王炜等译：《文化模式》，北京：社会科学文献出版社，2009年版，第181页。

② 李红艳：《什么是农民眼中的美好生活——基于乡村振兴视角下的思辨》，《人民论坛·学术前沿》，2019年第9期，第90-99页。

迁所做出的反应。我们所说的文化是对事件的反应，而这些事件的意义本身又受到我们所理解的工业和民主含义的界定。然而，是人造就了这些状况，也正是人改变了这些状况。这些事件同样记录在我们总体的历史当中。关于文化观念的历史记录了我们的意义和定义，但是反过来，这些也只能置于我们的行为这样的语境中，才能够真正理解。”[①]

① ［英］雷蒙·威廉斯著，高晓玲译：《文化与社会：1780—1950》，长春：吉林出版社，2011年版，第311页。

承：文化赋权 数字乡村中的创新

第三章　电商文化的赋权：边界在哪里？[①]

一、电商与赋权

随着媒介技术在乡村社会中的渗透，媒介技术如何在乡村社会的发展中产生较大的效力，自20世纪50年代就成为发展传播学的核心议题，媒介的使用能力也被看作传统人与现代人区分的指标之一。在发展概念与内涵的不断延伸中，参与的理念在各学科中不断渗透。

20世纪70年代，参与式发展成为潮流，其核心为赋权（empower）或者增权。赋权的概念最早源自巴西学者Freire提出的教育扶贫计划，其英文原型为“empowerment”和“empowering”，前者作为赋权的状态和结果，后者则强调增加能力的过程[②]。赋权的核心是增加社区中边缘群体在发展中的决策权和发言权。赋权是一个过程，是通过发展人的效能获得的，有三个维度：个人、群体或者社区（组织）等。赋权概念的假设前提在于个人或群体拥有的权力是变化和发展的，无权或弱权的地位状况通过努力是可以改变的。首先，赋权的对象主要是社会中那些“无权”（powerlessness）的群体；其次，赋权作为一个互动的社会过程，离不开信息的沟通与人际交流；最后，赋权带有强烈的实践特性。

① 本章部分内容原载于《人民论坛》2021年第1期，第69-71页。

② 尹浩：《“无权”到“赋权”：城市基层社会治理的新机制——以H省城市社区公益创投活动为分析对象》，《南昌大学学报（人文社会科学版）》，2016年第5期，第22-28页。

赋权的相关研究指出，对个体而言，可以更多地发展有效参与社区决策的能力，提高自我评估和自我认知的能力，增强卓越感。Zimmerman 等提出了心理赋权（psychological empower）概念，包括自我控制、自我能力感知、对社会政治环境的批判性反思以及对社区组织和社区活动参与度的提升①。而与网络相关的 E-empowerment 可以从四个层面获得：个体、人际、群体和公民②。新媒介具有场景生产现象，新媒介社会化以及社会媒介化的信息传播，不断影响到网民情绪、情感、态度和行为等。这种情绪、情感等人格化的情感结构形成一种力量，成为社会领域中最重要的权力来源之一。新媒体赋权语境下，网民的言论表达以及行动对传统媒体和现实社会产生了影响③。自媒体技术赋能改变了政府“层级动员”的习惯性行动逻辑，个体的示范功能被凸显出来。个体通过自媒体技术赋能的方式实现了对当地村庄脱贫治理中的“双重身份”，并推动了自我阶层流动与地方再造的目标实现④。在自媒体的使用过程中，弱势群体通过自媒体技术改变了行动逻辑，在这个过程中，逐步展开了媒介赋权的过程。本文关注的问题是新媒体在乡村对于电商贫困户而言，是否扩大了他们在乡村社会中的社会权力，由此实现了媒介赋权呢？这种赋权的边界在哪里呢？

根据笔者 2019 年 8 月到 10 月间在江西、山西等地贫困村的调查资料

---

① Zimmerman M A, & Rappaport J, Citizen participation, perceived control, and psychological empowerment. American Journal of Community Psychology, 1988, 16, 725-750; Kieffer C H . Citizen empowerment: a developmental perspective [J]. Prevention in Human Services, 1983, 3 (2-3): 9-36 ; Zimmerman M, Israel B, Schulz A, et al. Further explorations in empowerment theory: An empirical analysis of psychological empowerment [J]. American Journal of Community Psychology, 1992, 20 (6): 707-727.

② Amichai-Hamburger Y, Mckenna K Y A, Tal S A . E-empowerment: Empowerment by the Internet [J]. Computers in Human Behavior, 2008, 24 (5): 1 776-1 789.

③ 肖荣春，白金龙：《移动的自留地：知识青年、新媒介赋权、场景生产与媒介素养——以大学生的新媒介使用实践为观察》，《新闻与传播研究》，2011 年第 1 期，第 22-28，110-111 页；师曾志，杨睿：《新媒介赋权下的情感话语实践与互联网治理——以“马航失联事件”引发的恐惧奇观为例》，《探索与争鸣》，2015 年第 1 期，第 41-44 页；罗以澄，王丹艺：《新媒体赋权语境下网民的言论表达与行动研究——以“哈尔滨天价鱼”事件为例》，《当代传播》，2016 年第 2 期，第 4-7 页。

④ 李俊清，祁志伟：《自媒体赋能语境下个体参与贫困治理的动因、方式与成效》，《公共管理学报》，2020 年第 3 期，第 74-87，170 页。

显示，尽管处在两个截然不同的地理区位，来自两个贫困村 A 和 B 的电商自媒体用户 L 和 E，使用新媒体从事电商的过程虽然有所差异，在一定程度上却扩大了他们在村落内外的社会关系网络，并通过扩大其人际关系，促进了媒介赋权过程的实现。

A 村的 L，1974 年生，初中毕业，外出务工 5 年，回村后担任村里的小学民办教师，每个月工资只有 200 元，学校被撤销后，开始做电商。该村的电商是与县里的邮政和农业银行一起来做的，邮政配套的设备有台式电脑、46 寸的显示屏。地点就在 L 的家里。L 家是一个普通的农家小院，在半山腰处，院子里养着鸡鸭，挖了鱼塘养鱼。院子里有三间房子，一间是厨房加仓库，一间是卧室，还有一间是电商办公场所。这间作电商用的房子又分为两个房间，后面是仓库，前面为电商的设备：电脑、显示屏等。房子的面积大约有 12 平方米，里外间各有 6 平方米。除了几张竹编的藤椅外，就没有其他家具了。L 和妻子一起居住，他说："我用智能手机，主要是打电话，其他功能不太会用。村民送来了农产品后，我在电脑上登记一下，2018 年的电商销售额大概有 10 万元吧。我们家已经脱贫了。"

B 村的 E，1989 年生，高中毕业后自费读了两年的大专，回村后发现找不到合适的工作，在省城打工三年。当村里开始电商扶贫后，村党支部书记联系他，希望他帮助村里做电商。E 返回村落，村委会特意批准一处 600 平方米的院子作为该村的电商销售基地，院落十分敞亮，门楼特意请乡村建设研究院进行了设计，古色古香，环绕着的长廊是连片的仓库、会议室和办公室，办公室循环播放着 B 村的宣传片，宣传片里各种农产品一一登场，2018 年该村电商平台销售额达到了 4 000 万元。

L 和 E 在村落借助新媒体从事电商工作之后，开始以新媒体的形式连接并扩大个人的社会关系网络。L 不仅恢复了他原本在村落里担任小学教师时的社会关系，还在电商的经营中扩展了这种社会关系。微信群和电商的工作在恢复和建立新的社会关系中扮演了更为核心的角色。E 与 L 一样，也来自山村，熟人社会关系网络依然存在。在政府与村民的支持下，E 所在的电商中心成为该村行政接待或者游客来访的必游之地。在熟人社会关系之外，市场导向的社会关系网络也在延伸和构建中。

在村落的社会关系之外，村落之外的社会关系在 L 和 E 的自媒体使用中也得到了拓展。基于电商的营销，两位贫困户与村落外的市场之间关系更为密切，无论是线上的市场还是线下的市场，这种市场感知在村落的贫困治理中产生了重要的影响力。在两个基于熟人社会关系为基础的贫困山村中，依靠网络拓展市场的过程，也是贫困户、贫困村落与外界建构新的关系的过程。比如，L 参加村落公共事务的活动，主要是通过村民们参与电商平台的销售实现的。E 则是基于村委会的邀请返回村落开始电商销售，参与村落公共事务的层面较多，除了电商之外，还经常就村里未来的发展提出规划，并联系省城的文化传播公司，帮助村里的农产品设计品牌 LOGO、包装等，使得该村的电商成为县里的第一名，县扶贫办以该村为依托，发展该县的农产品系列品牌销售，专门为此在县城成立了电商中心，由 E 来负责。

对于贫困村落而言，如何激发贫困户的内生动力，使得他们可以依靠内力和外力励志，走向自我富裕，始终是脱贫攻坚的核心问题。依靠电商与自媒体的结合，不同的贫苦户在经过短暂的自我学习和培训之后，扩展了自身的社会关系，使得村落不再是孤立的村落，成为村落、网络与世界视野中的村落。这种新的社会关系网络的扩展是自媒体赋予村庄的一个美好的礼物。

在赋权中与权力相关的有三种形态：无权在赋权中，是表示能力和资源缺乏的一种状态。无权有三种表现形式：无权——完全没有权力；弱权——有一部分权力，但不足以正常获取改善生活和环境的资源；失权——原来拥有部分权力，由于种种原因被剥夺或失去了权力。[①] 对于 L 与 E 这一类群体而言，他们均属于贫困村落的电商用户，也属于通常意

① 陈树强：《增权：社会工作理论与实践的新视角》，《社会学研究》，2003 年第 5 期，第 70-83 页。

义上无权群体，因此也是政府协助的村落电商平台，并在设备、资金、审批手续等方面都给予了支持。在贫困户中，无权状态也有差异，比如L与E比较而言，L属于弱权，E则属于失权状态。L在村落里做过老师，拥有一定的社会资本，但这些社会资本并没有保持他在村落里获得相应的权力。E属于村落里的青年人，由于离开村落，原本拥有的权力自我放弃了，也就是失去了权力。二者的状态，都可以成为不同类型的无权状态。这种无权状态，通过新媒体电商平台的运作，赋权得以实现。尽管二人的无权状态有差异，社会关系网络也不尽相同，但是赋权的过程所包含的因素和层次则有类似之处。

二、“新”赋权与村落类型

新赋权的过程是从三个层次展开，依靠两个情境实现的。三个层次分别为个体、群和村落。两个情境分别为村落属性和村落观念。

首先，贫困户作为个体的媒介赋权是通过血缘关系和地缘关系实现的。这两个村落都是山村，费孝通所说的熟人社会特征明显，尽管有外出打工的，但是流动性不大，村民之间的关系比较单纯，小农经济为主，务农还是第一职业。在这样的背景下，媒介赋权通常主要会延续村落的社会关系网络展开，线上和线下的关系会交织在一起，促成贫困户个体获得更大媒介资源，并由此延展乡村农产品商业关系网络的链条。

L的新媒介赋权是通过其血缘关系的纽带关系实现的。电商用户E，虽然家里也是贫困户，年龄和受教育程度在新媒介使用中占有优势，行政力量的引导和帮助，使得E在新媒介使用中获得了更多的个人资本、社会关系资本和村庄事务资本，媒介赋权的张力凸显。因此，对于熟人社会而言，作为个体的赋权过程主要还是以传统的方式即血缘和地缘来实现的，受教育程度和年龄性别等扮演的角色不太显著。

其次，新媒体的赋权效力，在不同的社会关系网络中，呈现出较大的差异。赋权是一个受到社会结构、权力关系、文化规范、身份认同等因素影响的高度情境化的过程①。这里的情境资源是指熟人社会的经济资源、传统资源和市场观念下的经济资源、社会资源和行政资源等。这些情境化资源，只有依托于高度情境化过程，媒介赋权效力的差异才会凸显出来。

比如L是以熟人社会基础进行电商销售的，依旧处在传统小农的非正规经济的领域中。E是依靠行政力量获得社会资本的，因此可以使用的资本是多元化的。E的家庭在B村没有资本基础，父母为普通农民，E依靠的主要是政府的资本和市场的资本。即E是以市场经济的模式和观念进入电商中的。中国的贫困村落，基于其地理位置和经济发展的属性，由此形成了不同的村落社会关系情境，在这样的情境中，个体的社会关系延续着传统的价值力量，不断改变着人与村庄、人与人之间的关系，在这种改变中，情境也成为个体的一种赋权资源而得到了与其他媒介资源的融合。

最后，媒介赋权的效力与村落公共事务参与程度之间是一种密切相关的关系。A村的L仅仅是做电商的工作，没有做品牌建设和品牌营销，尽管A村所在的县也进行了贫困村落中致富带头人的培训，L作为致富带头人参加了三次培训，但是L总是觉得培训作用不大，只是出去见识了一下，对他所做的电商并没有什么帮助。培训班曾经邀请了专门做电商的阿里巴巴人员讲课，L认为讲课的内容与他的需求之间相距很大，没有什么启发。他就是个普通农民，怎么能够与阿里巴巴那样大的企业发展理念有关系呢？E则不同，他不仅参加了县里举办的各种培训班，还与授课的老师之间形成了良性互动关系，同时依靠村落公共事务资源和县政府的支持，将村里的电商中心拓展为全县的电商中心，其电商产品在不同的电子商务平台上都有专卖店，雇用了大学毕业生作为媒介策划者，已经形成了一条连接行政、市场和村落资源的全方位系统工程。

在两个情境因素中，村落的属性和村落的主要观念扮演了重要的角色。

---

① 陈静静，曹云雯，张云霄：《赋权，还是去权？——一个藏族村庄中的传播、权力与社会身份》，《新闻与传播研究》，2014年第8期，第80-92页。

首先，是村落的特征。个体的因素看起来可以归结为个体的责任，但村落本身的因素起着更为关键的作用。A村落虽然是山区，但靠近公路和县城，开车到县城仅需要10分钟路程，外出务工者众多，村落留守的基本都是传统的农业劳动者，农业产品以莲子、烟叶和蔬菜为主，这些劳动者以年长者居多，在农忙季节，每天早晨5点起床干活。当地的农业合作社也处在比较松散的状态，企业和小农户之间的对接并不密切。小农户处在散兵游勇的状态。这样的村落中，一个贫困户从事电商的话，即便是政府主导的，也只是停留在技术设备的供给上，后续与市场之间对接的系列工作由未接受过系统教育的农民来承担，其赋权的效力就大大降低了。B村落也在山区，距离县城很远，开车需要两个小时，但是该村落外出务工者不多，熟人社会的关系力量及村委会和县政府的支持，使得贫困户E在进行电商销售时，处在十分有利的位置上，赋权的效力则大大提升了。

致贫因素在通常的论述中，交通因素是不能回避的。但是在两个村落的贫困户，交通位置的优劣并没有产生较大的影响力。距离县城的距离远近并不是促使媒介赋权效力加大的原因，反而是村落的特征扮演着更为重要的角色。

其次，与村委会的观念认知有很大的关系。A村的书记与贫困户电商从业者L之间处于新媒体技术的隔离状态。A村的村委会认为村里的电商，是为贫困户找得一种扶贫工作，只要找到合适的贫困户愿意去做即可，村委会对于该项工作与村里脱贫之间的关系并无更多的认知。工作的开展全靠村民的自发自觉。这种状态类似于完成一项布置的工作，并没有计划由此而获得更多的资源发展村里的经济。B村的村委会从开始邀请E回村做电商开始，便将电商作为村落发展的核心，贫困户作为电商的开拓者由此获得了更多的助力，赋权的效力得到极大扩张。

简而言之，自媒体赋权过程中，依靠行政化的力量，对于贫困户而言是一种获得自主性的助力。新媒介赋权需要多元主体的相互连接、沟通和联动[1]，如果新媒体赋权中各个主体之间的角色处于分散或者隔离状态，其他主体的资源无法在作为贫困户的电商使用中获得附加值的话，新媒体的赋权只能是处于弱化的状态，那些潜在的有可能成为优化赋权张力的因素则会成为沉睡的因子，被消耗掉了。这些被消耗掉的因素，恰恰是与村庄公共事务或者是当地的公共事务相关的，失去了这些因素的话，新媒体的赋权就只能在个体层面发生效力了。

技术赋权是乡村社会变迁的工具变量之一。新媒介技术尤其如此，随着媒介化社会逐渐成为普遍化的社会现实，贫困户如何利用新媒体获得更多的资源激发内生动力，是实现媒介赋权的重要工具。在赋权的过程中，作为“弱者”的贫困户群体，有年龄差异、性别差异、受教育程度差异、资源差异，这诸多的差异与新媒介技术的扩散与使用结合的话，便呈现出各异的形态来。

A村的L，将电商设置在自己家一个狭窄的房间里，房间里农具和村民送来的农产品混杂在一起，椅子上随处散放着一些农产品，这种设置的好处在于与村民之间容易形成天然的关联性。但是与市场化的理念差距较大，村民难以形成对于电商市场的一种新的认知，会误以为类似于一个网上的农贸市场。B村的E，将电商中心设置在村里一个大院里，精心设置院落、拍摄宣传片，设计LOGO，寻找村民担任形象代言人，在不同的平台上开设专卖店，使得村民和其他外来者在进入电商中心时，充满了一种新奇和敬畏的感觉。在直播营销兴起后，B村的E，在村里招募直播博主，进行电商的直播营销，使得该村的电商不仅成为村里、镇里乃至县里的电商中心，也成为该省电商的一个典型案例。简而言之，村落属性、村落观念二者之间的情境差异，使得新媒体在对于经营贫困户电商的过程，凸显了不同的张力。

L和E都属于外出务工返回的贫困户，他们在村庄之外的世界中，获得了一定的视野感觉。返回村庄后，比起一般村民的资源而言，相对要

---

① 师曾志，李堃，仁增卓玛：《“重新部落化”——新媒介赋权下的数字乡村建设》，《新闻与写作》，2019年第9期，第4-11页。

富有优势。作为失权者，重新返回意味着需要依靠新媒体获得更多的权力，即无法将失去的权力重新原封不动地获取，只能依靠新媒体获得增权，即赋权的可能性，并依靠村落的传统、村委会的观念以及特殊情境等因素的作用，最终使得新媒体的赋权在使用中获得了现实性。

简而言之，村落属性、村落概念二者之间所设置的情境差异，使得新媒体在对于经营贫困户电商的过程，凸显了不同的张力。一般情境下，接触媒介和使用信息技术的权力，如果与当地的行政系统关联的话，通常已经与村落的社会文化与传统结构关联在一起了。贫困户的媒介赋权甚至是贫困村整体的媒介赋权，一定程度是原有社会结构的一种延伸，或者是某种程度上强化了原有的社会结构和文化形态。

一方面，新媒介赋权可以促进作为主体的个体自主性的获得；另一方面，也有可能使作为个体的贫困户主体性遭遇消解的危险。新媒体电商使用的贫困户，通过新媒体技术的学习获得了使用电商工具的能力，实现了新媒体的赋权。在这个过程中，新媒体技术赋能改变了政府“层级动员”的习惯性行动逻辑，个体的示范功能被凸显出来。个体通过自媒体技术赋能的方式实现了对当地村庄脱贫治理中的“双重身份”，并推动了自我阶层流动与地方再造的目标实现[①]。

本章所分析的电商贫困户，分别处在中国北方和南方的两个贫困村，二者都是山村，传统农业资源比较丰富，但与市场之间的对接不太畅通。借助地方政府在脱贫攻坚中的利益联动机制，新媒体成为建立贫困村落与市场之间的一个机制，这个机制的具体体现便是电商。需要说明的是，在贫困地区的电商，名称各异，有的是邮政系统和农业银行分别发起的，有的则是工商系统和政府机构联合发起的，落实在村里的时候，无论是什么机构，最终通常落在一个贫困户家里，这样可以集中力量，将贫困村落的产品与新媒体背后的市场对接起来。因此，几个机构的牌子，很

---

① 李俊清，祁志伟：《自媒体赋能语境下个体参与贫困治理的动因、方式与成效》，《公共管理学报》，2020 年第 3 期，第 74-87，107 页。

醒目地挂在一个地方。这种现象，也折射出“上面千条线，下面一根针”的情形。对于扶贫效力而言，村落的实施，似乎才是最符合村落现实的。

新的媒介技术形式，在贫困村的脱贫过程中，虽然囿于贫困户的差异，新媒介技术的使用特征出现了差异，但都实现了不同程度的赋权，贫困户也获得了不同程度的自我观念。L从一个沉默寡言的贫困户，在通过新媒体进行电商经营中，与村民之间的平等交往，借助新媒体获得了对自我的再度肯定。这种再度肯定，不仅是身份的重新界定，更意味着新的自我身份的确立。原来的外出务工者、民办教师的身份消退了，新媒体电商的身份确立起来了，也成为A村的技术领先者。B村的E，从一个外出务工者、自费大专生，在借助外力实现新媒体平台的电商经营之后，获得了更多的自信心，成了该贫困县的名人，重新厘定了他对自我的认知。L和E这两位贫困户获得新的自我的过程，也是新媒体实现充分赋权的过程，一定程度上改变了他们的社会存在状态、价值和意义。

三、新媒体技术提供的可能性

概括而言，赋权是一个动态的过程，也是一个能动的过程。在脱贫过程中，新媒体的赋权更多地需要多元主体的参与，激发贫困户内在的自我动力。在形成“新我”的过程中，即在脱贫摘帽的过程中，贫困户依靠从行为、认知和观念三个层次逐步实现了新媒体的赋权过程。培养理论认为，受众与媒介之间的关系建构是一个漫长的过程，在这个过程中，有两个变量十分重要，一个是接触媒介的时间，另一个是受众已有的媒介观念。时间与观念在通过媒介培育受众的新的认知中扮演着核心角色。同样的，在新媒介赋权过程中，时间是一个重要的变量。自媒体的使用开端，是一件十分容易的事。只要拥有智能手机，开通账号即可。在开通账号之后，如何进行内容生产？如何进行内容营销或者传播？这两个过程需要的是受众对于媒介技术和媒介逻辑的熟悉与训练。

贫困村的治理主体是乡村有效治理的前提，乡村主体的多元化则代表着资源下沉与乡村民主意识的提高。2015 年我国开始实施新时期以精准扶贫政策为主要内容的脱贫攻坚战略，该战略的实施重塑了贫困村的治理体系和治理能力，也为贫困村乡村治理模式变革赋予了良好契机①。目前学界的相关研究，多基于某一视角对国家政策自上而下嵌入贫困村地方治理的效果及困境进项探讨，却相对忽略了精准扶贫的实施对贫困村治理主体和治理对象间关系产生何种影响。同时，治理主体间何以形成治理网络结构的研究也并没有引起学界足够的重视。多元主体参与乡村治理的过程中，农民主体由于其利益代表机制之缺位，使得其在利益博弈中处于弱势地位；其他主体强强联手的权力不平衡，农民的治理意愿很难被看重，对于贫困农民而言，这种无权现象更为突出，因此如何培育乡村治理中作为贫困户个体的治理能力，始终是一个需要关注的问题。

作为一种技术和媒介，新媒体给贫困户提供了多元化与外界对接的方式。无论是通过电商，还是通过直播，或者通过网络上展示日常生活，他们建立了村落与外界之间的联系，打破了地理边界，建立了信息边界。信息边界的逐步建立，一方面可以消除固有的社会结构带来的壁垒，突破城乡社会结构之间的固化属性；另一方面则可以重新塑造整体社会发展中的新阶层意识，培育个体在信息生产和消费中的能动性，在实现媒介赋权的过程中，治理贫困的能力在作为个体的贫困户层面得到了延展。

由此，媒介赋权成为培育贫困户作为治理主体的助力。作为“弱者”的贫困户，在“弱者”的概念不断被流动、被迁移、被改变的过程中，贫困障碍并没有成为他们使用新媒体技术的一种障碍，反而借助各级政府部门的资助，成为脱贫攻坚的一种新生力量。这种新生力量正在改变乡村能量场域，并进一步激发贫困户个体，使得他们获得自我发展的动力，以治理主体的身份参与到脱贫攻坚的行动中来，由此缓慢改变了乡村治理的格局，为与乡村振兴之间的有机衔接建立了良性的关联性。

---

① 李琳，郭占锋：《精准扶贫中农村社区治理能力提升研究》，《西北农林科技大学学报（社会科学版）》，2018 年第 3 期，第 98-106 页。

第四章　直播带货：拓展乡村文化新路径①

2022年，中国互联网络信息中心（CNNIC）第49次互联网调查数据显示，乡村互联网覆盖率为57.6%。随着互联网在乡村社会的扩散深度的增加，数字鸿沟以及类似的话题诸如信息鸿沟、素养鸿沟、智能鸿沟、代际鸿沟等议题的关注度也得到了提升。但是，对于乡村社会的村民而言，面对这些议题的实践应对是如何进行的？换言之，他们针对各类“鸿沟”是如何进行主体性发展的呢？

一、三种直播带货新形式

在不同地区电商的调研中发现，不同的电商模式与应对“数字鸿沟”的实践路径之间，呈现出较大的差异性。第一种模式是行政引导的电商直播模式。这种直播模式，主要是由基层政府采取本地人才回流和引进的模式进行。本地人才回归乡村之后，在政策扶持和多元化资本的协助下，利用在外的有形和无形的社会资本、技术资本，进行多种形式的电商经营，直播是其中一个形式。这种电商形式，其根基在于行政力量的主导和推进，乡村社会中那些熟练并自主使用新媒体的群体容易被忽视。第二种模式是乡村外的本土人才与乡村内部本地资源之间的联结模式。在这个模式中，通过教育、经商或者务工等形式在村落之外工作的群体

① 本章部分内容原载于《青年记者》，2022年第23期，第22-24页。

与留守在村落内部的群体（通常是村落外出者的亲戚、邻居或者同学）的勾连，利用新的技术将乡村的产品输送到遥远的地方。该模式的有效运作主要依靠的是乡村内外资源的对接，直播是一种辅助手段。概括而言，上述这两种模式，在消除各种鸿沟方面，产生了较好的效应。由于这两种模式主要都是基于村落内外的资源勾连，对于留守在乡镇村落的普通农民而言，依靠自身的自主性和在村里的社会地位，比较难融入，也很难获得这样的机会。上述两种模式虽然在一定程度上消除了数字鸿沟，但其效力不是从村民主体出发的，因此还有待提升。这里提及的第三种模式，在普遍实现消除数字鸿沟的可能性方面效力更为显著，也是上述两种模式的补充。

第三种模式是基于普通村民的直播带货模式。这种直播带货模式主要有如下几个特点：首先，直播带货这一方式的选择来自村民的自主性行为，在这个过程中，村民的主体性发挥了主导作用。在该模式中，村民进行直播带货这一行为，是一种村民不断摸索、不断学习的过程，由此其直播带货的能力不断提升，从而跨越了城乡之间的数字鸿沟。如笔者在 C 村调查时发现，C 村通过各类平台直播的村民很多，直播者年龄在 45 岁到 70 岁之间，以中老年农民为主。该村常住人口 1 200 人，主要以发展林下经济为主，村落与镇政府之间的距离有 8 公里。村里有两个小卖部，也有村民在家门口销售本地的产品，以满足村落内部的需求。在这样的一个村落里，村民的直播主要是以日常生活的播报为前提，最终实现村民与村民之间在网络上的密切互动。

随着直播者人数增多，直播者除了在网上互动之外，他们在网上开始寻找机会，看看是否可以将村落的各类产品销售出去。调研中，村里的一位女性就询问道：她的妹妹家里种了不少白萝卜，在市场上销售，费人工费时间，常常购买者不多，还要考虑集市的时间，萝卜都坏了，她很想学习一下如何通过直播把萝卜卖出去。类似这样的村民还有一些，这些村民之间的互动，一开始是在自发的信息交流，这是第一步；在学习过程中，这些村民开始尝试直播的各种技巧，如何开通账号、如何进行直播等，部分村民甚至自己购买了培训课程，此后他们开始销售本地的各种产品，实现了从乡村到网络的一个跳跃，这是第二步。除了本地产品之外，村民们的兴趣爱好与直播也开始结合了，一位村民说，她喜欢时尚，还愿意打扮自己，打算学习开始直播带货销售中年女性的服装，“虽然比较难，但是我觉得很有意思。”

上述第三种模式，和前两种模式一起，作为一种实践路径，是本章要探讨的对象。本章将通过对上述路径的思考，试图对其在实践中消除“鸿沟”的过程进行描述和解释，由此指出其推广的可能性和普遍性意义。

上述三种模式在实践过程中，主要有以下几个特点：

首先，这三种模式或者源自村民在互联网平台上的自我学习，或者源自政府引导，或者源自其他外力扶持，具有自发与自主相结合的特征。自从媒介开始诞生以来，从口语传统到文字传统，使用群体便在不同维度上形成了分隔的状态。自19世纪30年代进入大众报刊时代后，媒介技术的使用开始与群体的社会地位、继而与群体的经济水平关联，最终则落实在城乡的地理分割、家庭内外的分工等层面上。这些层层分割叠加在一起，加固了社会中不同阶层之间对于信息的掌握维度和掌握层次。就乡村社会而言，随着乡村教育的改革、城乡流动各种要素的加剧，走出乡村的人们接触到多种媒介形式的机会更多了，他们在媒介技术的系统里摸索着，希望由此可以找到一条改变自身命运的路径。从文字媒体到书籍报刊，再到广播电视，对于乡村社会而言，村民接触到新媒介技术的机会迅速扩大，除了口语媒介之外，在其余的媒介形式中，乡村社会仅仅是处在社会信息传播系统的底端，农民自然也是处在社会信息传播系统中诸多群体的最底端。他们以自下而上的视角，仰望着媒介技术，并从非“我们”的群体中学习媒介技术，这种学习过程，是一种被动的过程，也与媒介技术的生产与传播模式关联性较大。

随着互联网技术在乡村的扩散与普及，尤其是移动传播终端手机在乡村的日常化，每个村落在脱贫攻坚到乡村振兴中，均实现了网络信号的普及与稳定，移动着的传播终端，也以手机作为基础设施本身的属性，成为人类可以随身移动着的工具。如果仅仅是有了手机这一终端，那么只是意味着开始。随着互联网与手机的结合，即移动传播终端的实现，村民们在使用移动传播终端中，寻找到了属于这一群体的媒介类型。

短视频使得他们找到了参与到媒介生产与传播中的路径。通过短视频延伸到的各种社会化媒体的使用，使得他们将日常生活、消费与生产等内容随时随地传输到异地异时的群体获知，在扩大他们视野的同时，逐渐产生了其参与信息生产与传播的潜在可能性。从被动性接收信息的传播到自主性地寻找到属于他们的媒介空间，这个过程既是从自发到自主的过程，也是一个群体自我成长的过程，更是他们与互联网时代不断认同的过程。

其次，在上述三种模式中，直播带货的内容从本地的产品拓展到了异地的产品，在销售视野上实现了从乡村到城市的跨域，由此地理空间不再是形成城乡鸿沟的障碍。新技术带着赋予村民们的自主性，在网络世界里寻找适合的方式，这种方式在突破了城乡的地理边界的同时，也促使村民们突破了原有社会阶层之间的固有边界，实现了网络中人与人之间的新关系形态。一位直播的村民，主要是以销售童装为主，她原本在基层单位做临时工，总觉得看不到出路，很想直播。她学习直播的知识一开始主要是从百度百科里寻找，从购买账号开始，进入直播的微信群接受培训，开始瞄准市场，从个人的兴趣爱好出发，在培训中找到销售的资源，中高档童装便是她的选择。她从抖音直播到淘宝直播，再到建立微信直播群，熟练地掌握了与不同平台、不同客户之间的关联特征，实现了在地化与脱域化之间的关联性。这位直播的女性认为，直播行业尽管看起来很热闹，但是也已经到了转型的时候，她正在琢磨着如何跟上这种趋势，也要转型。从她的经历中，可以看到凸显了网络上村民的在地化与脱域化之间的关系状态。

最后，乡村直播在直播带货中具有地理上的优势，院落上的居住形式和环境适合村民进行直播带货，通过这种方式可以较为有效地弥合数字鸿沟。上述直播带货的村民认为，因为她家居住的院落较大，可以将北边一排五间作为直播的场所。大厅放着 64 寸的液晶电视，旁边的衣架上是各种季节的服饰，两旁的房间里是直播的设备。因为直播持续时间较长，声音比较嘈杂，在城市社会的居住空间中，居民个体在家庭环境中很难实现对他人不造成影响的情形下实施直播。乡村直播带货的地理优势由此呈现出来。

二、拓展乡村文化新路径

研究指出，互联网普及对城乡收入差距的影响呈现先增后降的“倒 U 型”趋势，2009 年以后的互联网使用对农村居民的收入效应开始大于城镇居民，加速农村信息化进程可降低城乡之间的数字鸿沟[①]，互联网普及带来的红利差异来源于“互联网资本”效应的发挥与否[②]。在对信息鸿沟或数字鸿沟的测量方面，一般着眼于信息技术的“意识”“接入”“利用”以及“环境”四个维度，信息资源、信息基础设施、信息技术利用、信息行为、信息素养和信息环境六个维度以及阻尼测度模型[③]。本章所论述三种乡村直播带货的形式，基于当下的研究情形，在降低城乡之间多种类型的数字鸿沟中呈现出较好的特征。

在传统社会向现代社会转型中，作为传统社会的主要载体之一的乡

① 程名望，张家平：《新时代背景下互联网发展与城乡居民消费差距》，《数量经济技术经济研究》，2019 年第 7 期，第 22-41 页。

② 邱泽奇，张樹沁，刘世定，许英康：《从数字鸿沟到红利差异——互联网资本的视角》，《中国社会科学》，2016 年第 10 期，第 93-115，203-204 页。

③ 刘骏，薛伟贤：《城乡数字鸿沟测度指标体系及其实证研究》，《预测》，2012 年第 5 期，第 68-73 页；薛伟贤，刘骏：《中国城乡数字鸿沟对城市化进程的阻尼测度研究》，《软科学》，2014 年第 1 期，第 44-48，59 页。

村社会，地理上的先天劣势始终是其走向现代社会的一个显著障碍。这种障碍在20世纪50年代之后，社会各界试图从各个路径进行突破。经过政策实验或者学术探讨的路径主要是在信息传播系统上从行政、技术和文化路径上进行探索。行政上的探索路径从干部下乡到知识青年下乡，继而到改革开放之后的“大学生村官”、乡村振兴协理员、第一书记、包村干部制度等，都在沟通行政上的上下层级信息上扮演了较为重要的角色，也产生了较好的效果；技术层面的探索，则是在城乡一体化建设中，无论从国家、社会还是市场层面，技术下乡活动的普遍化和扩散化，乡村社会中或由政府或由私人开办的网吧、互联网公司开展的网络下乡，企业进行的电商下乡等活动，尽管其旨归不同，但均起到了开拓乡村社会信息传播系统，使其不断与外界信息保持交流的状态。文化下乡方面的活动就更为多样化了，比如电影下乡、戏剧下乡、文艺演出活动下乡、图书下乡等活动，尽管在一定程度上这些活动具有任务导向的性质，但依然拓展了乡村与外界之间的信息传播与交流，拓展了村民对村落之外世界的认知。除了上述几种形式的信息传播活动之外，改革开放之后，村民的外出务工和不断返乡，成为乡村群体与外来社会之间动态性的信息传播行为。特别是随着交通状况的改善，物流系统进入乡村社会后，使得乡村社会群体的需求与中国的整体市场对接起来。通过上述信息传播活动，乡村社会发生了较大的变迁，尤其是开展精准扶贫到2021年脱贫攻坚战取得全面胜利，进入了全面推进乡村振兴阶段后。在上述变迁进程中，乡村社会的转型已经逐渐成为一个社会现实，城市与乡村之间的信息对接路径也发生了较大的变化。

与此同时，上述信息传播活动对乡村社会原有的格局形成了多元化挑战。如前所述，基于乡村社会在地理位置的局限性，导致乡村社会始终没有在上述信息传播活动中成为核心的关注对象，因为上述这些信息传播活动形成了两种主要属性：一是信息传播以自下而上的形式进行的，导致在信息传播活动中，村民始终处于被动赋予信息的状态，或者始终是信息扶贫的对象。他们在接受外来信息时，其主体性始终处在隐蔽状态中；二是信息传播的内容也是以一种外来者赋予本地者“信息需求”的方式实现的，使得村民作为主体的信息需求始终处在被遮蔽状态。

随着短视频在乡村社会中的渗透，村民的主体性开始崭露头角。在短视频的世界中，他们开始随意拍摄，随意发布，熟人社会的关系也被移植在网络中，无论是外出务工的村民还是在乡村里的留守者，他们以各种社会化媒体形式掌控了乡村社会信息传播的主导权，与此同时，这种信息传播的边界不断溢出乡村社会，进入了整个社会的信息传播系统中来。地理的区隔在渐渐隐退，村民们的身体从后台走向了前台。在属于他们的移动传播前台中，他们从唱歌跳舞起步到直播乡村社会的诸多生活状态，继而将互联网中的自我身体，附带着乡村的因素，占据了社会信息传播系统的一个组成部分。在实现与外界市场对接的过程中，也在网络上呈现身体的自由状态，身体的主体性渐渐得到了延展。

直播带货在消除乡村社会与外界之间的鸿沟上实现了以下功能：

首先，通过乡村产品的流动，利用互联网的普及性和移动终端与身体之间的关联性。在乡村直播中，无论直播参与人数如何、经济效益如何，乡村群体以正式的身体姿态进入了移动传播过程中。随着口语表达与视频之间的对接，他们进入了之前从来不敢“向往的世界”。在这个新世界中，身体摆脱了长期以来媒体世界中他者的属性，成为自我的身体，身体由此成为技术身体与乡村身体的合体，也成为一种新的身体形式，可以说对促进村民自我身体的主体性建构起到了促进作用。

其次，对没有参与直播的乡村群体而言，在乡村社会的日常交往中，加深了对技术的认知与理解。调研发现，乡村直播群体一开始主要是以乡村的村民围观为主，通过围观突破地理和线下人际关系网络。在上述几种模式中，参与直播的村民群体销售量参差不齐，但是直播这种行为本身在实施过程中，以技术的形式调动了乡村社会群体的深度参与，由此形成了熟人社会关系在线上的一种复制和延续。这种信息复制和延续的边界不断扩大，将感兴趣的外来者吸引过来，在该过程中，熟人社会关系的延续边界发生了突破，与网络陌生人交流中各类鸿沟在渐渐缩小。这种缩小具体体现在村民对乡村社会与城市社会关系的认知上，一方面村民可以理性地看待城市化的问题，认为城乡之间是有差异，但是就村落的生活状态而言，有了移动传播终端，再加上电商直播，村落之外的世界与村落内部的世界的联结更丰富了，对他们而言，已经在一定程度上从多种渠道见识了村落之外的城市生活，可以更为理性地看待村落生活；另一方面，有些村民会选择在村落创业，而不是进城务工，在他们看来，村落对于本地人而言，有多元化的潜在商机，借助乡村振兴，实现个人的乡村梦想。部分年长的村民认为，乡村生活十分适合养老，因为他们年轻时候外出在城市打工，现在则可以依靠网络与直播将自己的生活呈现出来。城乡之间的关系认知在信息传播系统发生改变的同时，也有了多元化的发展趋势，数字鸿沟层次的变化和认知上的缩小，是产生变化的主导因素之一。

再次，通过身体在场的传播，延伸了乡村社会的信息传播系统，重建了地方性的特色。在原本的乡村社会信息系统中，信息具有内循环的特征，信息的内容集中在乡村社会的传统根基中。随着身体的主动网络在场，加深了乡村社会传播系统的重构。在重构中，以地方化为核心，以网络世界为载体，以物流与产品为媒介，将作为信息的技术引入了乡村社会的信息传播中，使得乡村社会的媒介生态发生了转型。

最后，地方感取代地方化，直播中的信息传播改变了作为地理场域的乡村社会，将其设定为更为开阔视野中的全中国乃至全球化世界。在这样的场域中，虽然参与直播的村民群体的身体主体面对的线下场景为他们所熟悉的乡村社会的日常空间，进入直播间观看的群体则源自一个潜在的开阔空间，在这个开阔空间中，乡村社会是作为网络世界中一个有机组成部分存在的，这个网络有机组成部分的新的准身份，与现实中的实体身体勾连、融合，成了地方感生产的重要路径。如果地方化侧重的是对本地传统在新媒体时代的呈现，那么地方感更多的是在整个社会信息传播系统中生产一种对于乡村社会的新认知的知识。地方感的生产过程，是城乡信息系统走向交融的过程，也是乡村社会的村民群体以直播为主体的信息生产和展示过程。

概括而言，从乡村直播视角来理解当下的数字鸿沟问题，可以立足于村民自身的视角，准确动态地解读当下的现状，并为公共政策层面提供较好的经验依据。

第五章　宣讲团：自上而下的文化治理[①]

一、引言

20 世纪 70 年代末期 80 年代初期的改革开放以来，中国社会逐渐进入转型期。转型不仅体现在社会结构方面，更体现在结构转型所带来的社会变迁中。其中，乡村社会转型所带来的社会变迁中，农民群体是变迁的主体之一。在乡村社会转型中，外来力量对于乡村社会结构的影响力较为突出。由于乡村工业化进程，乡村土地流转带来的社会结构的转型，对传统农民的影响最为深远，尤其是对传统农民生活方式上的全方位影响，在这种影响下，农民的家庭观念、财产观念、个人行为等方面出现了较为复杂的改变。

在这种变化中，北京市大兴区政府在 2011—2015 年对农民进行为期五年的新型农民综合素质提升工程，2016 年开始继续第二个五年工程，[②]

---

① 本章内容原载于《新闻与传播评论》，2019 年第 1 期，第 50-61 页，作者为李红艳、吴洲钇、牛畅。被中国人民大学报刊复印资料《新闻与传播》2020 年第 3 期全文转载。

② 培训范围为全区 14 个镇。第一个五年培训期为 2011—2015 年，培训农民 10 万人次。政府通过对农民观念提升工程［注：第一期工程名称为“农民观念提升工程”（2011—2015），2016 年之后改为“农民综合素质提升工程”（2016—2020）］的综合评估，决定继续实施第二个五年培训期，第二个五年培训从 2016 年开始，截至 2020 年。培训主要集中在观念改变部分，内容包括：就业观念、消费观念、理财观念、生活观念、法律观念等几个方面。

配合农民生活方式的转变，希望在观念上对农民进行系统培训。在培训过程中发现，部分农民的观念有较大的改变，在第一个五年培训期结束的时候（2015 年），区政府决定选择各镇观念有重大改变的农民，组成农民宣讲团，在全区各个村庄进行巡回演讲，扩大和提升农民综合素质提升工程的实施效果。2017 年再次组成了农民宣讲团。其中，2015 年宣讲团由 23 人组成，分别来自 12 个镇。2017 年宣讲团由 26 人组成，分别来自 11 个镇。

本章通过对 2015 年和 2017 年农民宣讲团的组织情况、人员构成、演讲文稿的调查研究，对宣讲团的组织者、宣讲者和授课者进行线上线下采访，分析农民宣讲团在宣讲过程中，农民[①]成为宣讲者角色的过程中，如何进行乡村文化生产与传播的？在这个过程中，乡村治理呈现出什么样的特征？

研究工具

本研究采用线上、线下的参与式观察和深度访谈等研究工具进行分析，具体资料获取路径如下：

参与式观察：通过对 2015 年和 2017 年农民宣讲团的线下和线上观察来收集资料。其中，线下观察包括两个部分，一部分是指农民宣讲团的培训时间，分别为 2015 年 8 月 6 日到 9 日，2017 年 8 月 28 日到 9 月 1 日。参加者集中在某宾馆，由授课老师进行演讲技巧的培训，然后在宣讲团中选拔一部分人到各个村进行宣讲。另一部分是指农民宣讲团的演讲者在各个镇进行巡回宣讲的情况观察。线上观察是对宣讲团微信群的观察记录。

深度访谈：通过对组织者、培训者和被培训者进行深度交流所获取的资料。其中，组织者的访谈共有 6 人，培训者的访谈在 2015 年和 2017 年分别对两名老师开展。被培训者的访谈则是通过微信添加功能，通过问题的交流以及朋友圈的观察，来获得资料，单独采访共计 6 人。鉴于

① 本部分的假设是农民是扎根于传统的道德理性人，他们既是社会行动者，受制于制度的约束，同时也是建构制度的行动者。

笔者参加农民综合素质提升工程已经10年了，对宣讲团的部分参加者也比较熟悉，因此深度访谈的资料还包括参加培训工程以来的访谈资料，并不仅仅限于2015年和2017年的资料。

文献回顾

宣讲团研究

宣讲在历史上一直被当作教化民众的重要手段，统一的王朝都注重用“讲师团”来宣讲中央政府的政策和意识形态、主流价值观，达到教化目的。[①] 明清以来，宣讲日趋频繁，也逐渐趋向于规范化。定期宣讲在清代成为一种制度。甲午战争后特别是庚子事变之后，清政府开始对原有的宣讲加以变革，就宣讲的内容而言，主要以宣传国家和地方政策，教化人心，开启民智为主，在地方自治付诸实施后，宣传新政特别是地方自治成为另一项主要内容，[②] 清代末期的宣讲所则是清政府和有识之士为开启民智，尤其开启不识字的社会下层民众的智识，以广施教育的一种社会教育措施，其中，基于当时宣讲员的缺乏，为了提升宣讲效果，也对宣讲员进行培训。当时北京的宣讲活动除了专门的宣讲所外，大部分宣讲活动是在阅报社、茶馆、戏院等场所进行的。[③] 教育机构与行政机构的分离是清末社会教育管理的最大问题。[④] 20世纪初期的宣讲虽然形式上有差异，本质上却有一贯之处。“教化的目的在于灌输伦常观念，造就驯良的帝国子民；启蒙的目的则在于培育新时代的人民，以保种强国。”[⑤] 1949年以来，宣讲团在政治传播中依然扮演着重要的功能，中国共产党的沟通网络有

---

① 沈苏影：《中国古代的“政治宣讲团”》，《文史天地》，2015年第7期，第67-69页。

② 苏全有，张超：《清末宣讲所探析》，《河南理工大学学报（社会科学版）》，2014年第2期，第201-216页。

③ 刘晓云：《清末北京地区宣讲所述评》，《兰台世界》，2010年第11期，第54-55页。

④ 刘姗姗：《以宣讲所为中心见清末社会教育的发展》，《教育与教学研究》，2015年第2期，第1-5页。

⑤ 李孝悌：《清末的下层社会启蒙运动：1901—1911》，石家庄：河北教育出版社，2001年版，第65页。

隐性和显性两种形式，宣讲团是显性的一种政治沟通的形式。①

乡村文化与乡村治理研究

与本章主题相关的文献集中在两个方面：一是基于乡村社会转型而导致的乡村文化的困境，主要以农民的生活和职业转型研究为视角；二是基于农民与乡村治理规则之间的一种关系研究。

就乡村文化的困境研究而言，一方面，研究者认为，乡村文化的困境是基于乡村意义的失落而造成的，乡村意义原本是由村落历史共同的情感取向和村落空间的占有和依赖的意识，即历史感和当地感构成的。②随着农民与村落之间关系的剥离、农民与土地之间关系的改变，乡村意义出现了坍塌。乡村意义的坍塌带来了乡村文化的困境，因为社会流动使村民逐渐失去了与土地根深蒂固的联系。③乡村文化理应是以村民为主体、建立在田野村落的文化，乡村文化的困境体现在三个方面：村民离土与乡村文化的主体缺失；价值失序与乡村文化的内核受损；村落凋敝与乡村文化的空间萎缩。④ 当下对乡村文化危机或者崩溃的判断，更多是基于城市对乡村文化理想图景的想象，那些根植并存活于乡土社会的生活观念和价值体系，乃“乡土之神”，“形散”而“神聚”才是乡村文化的实质。⑤

另一方面，学者从差序格局来理解乡村文化的生产，阎云翔指出，“差序格局的维系有赖于尊卑上下的等级差异的不断再生产，而这种再生产是通过伦理规范、资源配置、奖惩机制以及社会流动等社会文化制度

---

① 唐冬冬：《中国共产党宣讲团制度研究》，学位论文，南京：南京大学，2017 年。

② 杨华：《绵延之维，湘南宗族性村落的意义世界》，济南：山东人民出版社，2009 年版，第 28 页。

③ 李佳：《乡土社会变局与乡村文化再生产》，《中国农村观察》，2012 年第 4 期，第 70-75，91-95 页。

④ 郎在廷：《现代性视域下乡村文化的变迁、困境与选择》，《北京印刷学院学报》，2017 年第 8 期，第 51-55 页。

⑤ 孙庆忠：《离土中国与乡村文化的处境》，《江海学刊》，2009 年第 4 期，第 136-141 页。

实现的。”[①] 而这种等级的再生产，对文化产生了决定性的影响。同时，从中心个人的视角来看，小人物的草根权威及其背后的文化体系，为我们理解乡土社会地方政治及其深层结构提供了一个新的方向。[②]

就农民与乡村治理规则之间的关系研究而言，贺雪峰提出了村庄精英与社区记忆的二维框架。[③] 尽管乡村文化与现代化是异质的，但是在文化现代性框架中，乡村文化可以实现其性质与功能的转换。乡村文化现代性转型的关键问题与基本路径就是重塑乡村文化主体。[④] 从乡村治理视角而言，要建构相应的“以农民为主体，让农民得实惠”的乡村治理机制，随着市场经济特有的“物化”社会倾向开始出现，需要通过“以文治理”“以文化人”加以克服，以应对乡村治理的新特征。[⑤]

概括而言，宣讲团的研究集中于历史文献的梳理与分析，而且多以自上而下的宣讲形式为研究视角，没有关注来自农民宣讲团的研究。关于乡村文化的困境及其应对策略的研究，或者集中于历史文献梳理与探讨，或者集中于案例实践与分析，并未将其与作为个体农民的文化生产与传播行为结合起来。基于上述研究现状，本节关注在制度安排的合法性过程中，农民在参与制度性的文化生产与传播实践时，如何借助个体的行动，在政府、社会与个体之间找到一种均衡状态？

---

① 阎云翔：《差序格局与中国文化的等级观》，《社会学研究》，2006 年第 4 期，第 205-217，249-250 页。

② 李晓斐：《乡土社会“中心个人”的文化生产与当代转型——以河南省路村调查为例》，《北京社会科学》，2016 年第 7 期，第 80-85 页。

③ 贺雪峰：《村庄精英与社区记忆：理解村庄性质的二维框架》，《社会科学辑刊》，2000 年第 4 期，第 35-41 页。

④ 季中扬：《乡村文化与现代性》，《江苏社会科学》，2012 年第 3 期，第 202-206 页。

⑤ 徐勇：《建构“以农民为主体，让农民得实惠”的乡村治理机制》，《理论学刊》，2007 年第 4 期，第 85-86 页。

二、制度引导下的乡村文化生产与传播实践

本部分通过对农民宣讲团的选拔、组成以及培训过程的描述，指出这一过程在呈现了制度预设的合法性的同时，也在空间、时间和考核体系等几个层面上凸显了农民与乡村治理逻辑之间的关系，也正是在这种关系的形成中，乡村文化生产与传播实践得以实现。

封闭式的文化生产空间：选拔参与者

农民宣讲团的组织工作，是新型农民综合素质提升工程的一部分。2015 年农民培训工程实施过程中，区政府认为第一个五年培训计划即将完成，参加素质提升工程的部分农民，观念已经发生了改变，因此给各镇负责培训的组织者发出通知，从各镇选拔 2 或 3 名参加过培训的农民，将这些农民集中在某宾馆集中培训，聘请专家授课，主要传授演讲技巧、帮助参与者修改演讲稿，最后挑选出部分参与者练习演讲，最后的演讲者再组织为一个团体，到各村对农民进行演讲。

首先，这种制度性的选拔程序是从政府的通知开始的。“各镇党委、政府：经过各镇各部门的努力和广大农民的积极参与，我区新型农民综合素质提升工程农民宣讲团已完成人员选拔推荐及稿件审核修改工作，为确保宣讲效果，定于 8 月 3 日至 8 月 6 日举办农民宣讲员培训班。”参加培训的人员，被封闭在一个特定的空间里，参加培训的宾馆是政府培训的指定宾馆，培训则是要求农民采用“脱产”的形式。

2017 年是第二期农民综合素质提升工程的第二年，借鉴 2015 年农民宣讲团的经验，这一年的宣讲团组织工作也是通过制度性招募的形式。2017 年的通知与 2015 年的通知相比，培训地点和培训方式都没有变化，时间是固定的，培训是封闭式的。此外增加了两部分内容，首先是参与人员的规定，对推荐范围、推荐条件和稿件撰写做了规定，参与人员：（1）推荐范围：本次宣讲团成员由参与工程实施的 10 个镇选拔推荐，每

镇推荐宣讲员 4 名，共 40 名。（2）推荐条件：①接受工程培训后，在思想和行为上积极转变的农民典型。②年龄不超过 60 岁，身体健康。③具有较强的语言表达能力，有演讲经验者优先。④在参加培训时宣讲员需携带本人宣讲稿。稿件撰写与要求：宣讲稿由宣讲员本人撰写，镇主管部门把关，内容要求真实、生动、感人、积极向上，宣讲时长 10 分钟。宣讲内容以转变思想和行为为主线，通过讲人、说事、话理，从不同角度讲述新思维、新观念、新方式的渐变过程，通过忆历史、话当今、看变化、谈感受，体现工程给自己和身边人带来的变化。与 2015 年相比较，对培训的纪律做了更为详尽的规定。所有参与者在封闭培训期间，均不得外出。

其次，制度性的选拔规定对人员的推荐规定，参加宣讲团的人员在农民综合素质提升工程实施的镇中进行选拔，各乡镇最终推荐的人员，女性占据了大多数。2015 年参与者来自 11 个镇，每个镇有 2 名参加者，共计 22 人。其基本情况如下：20 人为女性，2 人为男性，年龄集中在 30～40 岁（其中 50～59 岁有 4 人），受教育程度除 2 人为本科外，其余均为初中或高中。2017 年的参与者来自 8 个镇。培训工程的通知对基层的行政人员而言，并没有“强制性”的约束力，制度的疏导也只是一种书面的表达。来自 8 个镇的参与者共有 29 人。其中，23 人为女性，6 人为男性。年龄 50 岁以上 7 人，20～30 岁有 2 人，30～50 岁有 20 人。受教育程度 2 人为本科，其余均为初中或高中，参与者往往都是根据各镇的工作安排，在规定的培训时间内安排的工作人员参加培训。

最后，培训是在封闭式空间进行的。所有参与者的食宿以及上课等一天 24 小时的活动，均要在宾馆中，不得外出。为了保证封闭式培训的顺利进行，宣讲团的参与者被组成了一个班级，设立了班主任以及副班主任。他们分别由政府委托的培训团组织者（由政府委托当地的一个农民技术培训学校负责）来监督实施。此外，鉴于这些宣讲团的参与者大多来自基层的管理岗位，工作事务繁多，特别强调，将宣讲团参与者的行为评估计入每个镇的年终考核中，并与绩效考核挂钩。

这样，从制度性选拔、制度性培训和制度性规范三个层次，在封闭空间里的培训形成了一种基本的培训诉求仪式。在这种仪式被实践化的过程中，作为个体的农民，被看作“新鲜的身体”或者文化的身体、制度的身体，这些身体经过一系列的程序，被放置在封闭的空间中。但是，单元化的身体并非仅仅是被空间分割的，他们也是个体化的身体，个体化的身体意味着他们在这一被设定的空间中，依然在进行隐形的文化生产与传播实践活动。

仪式化的时间：乡村文化需求的被生产

在封闭的培训空间中，时间被重新做了规划。封闭培训的安排是，早饭时间：7:30—8:30，地点：宾馆一层。授课时间：9:00—12:00，地点：宾馆会议室。午饭时间：12:00—14:00，地点：宾馆一层。授课时间：14:00—18:00，地点：宾馆会议室。晚饭时间：18:00—20:00；自由活动时间：20:00—22:00；睡觉时间：22:00。在集中培训期间，有两天晚上晚饭后是有安排的，其中一次是撰写演讲稿，另一次是分组讨论演讲稿，时间都在20:00—22:00。这样的时间安排使得参与者只能在规定的时间段内，完成布置的任务。

在2015年的封闭式培训中，组织者聘请了一位退休的戏剧表演者和一位大学教授，对培训者进行演讲技巧和演讲主题的培训，课程采用了互动式教学的方式，并由讲课的老师对参与者的演讲稿进行修改。采访中，培训老师说道：“这些农民参加了不少次培训，很了解应该演讲什么内容。”“有些农民是村里的骨干，时常在村里组织农民活动，有些基层工作经验。”“参与者女性居多，她们大都是村里文艺活动的组织者，经常参加政府组织的一些活动，很熟悉规则。”① 由于2015年是第一次组织宣讲团，通知中对参与者没有提出明确要求，有的参与者没有准备演讲

---

① 来自2015年8月20日的访谈资料。

稿，参与者虽然有22人，但有演讲稿并到农村对农民进行演讲的宣讲员经过选拔之后大约有13人。

2017年的封闭式培训地点也是在同一宾馆中，时间表安排与2015年大致相同。政府组织部门和具体实施培训组织工作的学校老师也与2015年相同。但是，讲课的老师发生了变化。培训组织者告诉笔者：2015年聘请的老师，对农民综合素质提升工程不了解，在授课过程中的一些表达，容易与宣讲团的主题脱节，所以就换了一位长期从事农民培训的教授进行演讲技巧培训，这位教授不仅对农民非常了解，而且讲课风格十分幽默，参与者上课时的参与热情很高。课堂教学采用了参与式的方式，所有人在封闭的空间中被安排在一个圆形的座位空间中，每个人要求提出问题、参与讨论。培训教授说：这些农民情绪很饱满，上课很专心，没有人缺席。[①]

2017年参加培训的人员为29人，部分学员没有带演讲稿，有演讲稿的大约有15人，笔者询问后，有以下几种原因：

"我经常和农民打交道，了解他们的语言，不用写成演讲稿了。"

"我不会用电脑，是手写的稿子，所以就没办法交电子版。"

"我口才不好，就是来凑数的。"[②]

因此，不论人们参与的动机如何，他们的行为或者活动被放置在表格中、被搁置在时间的片断中，人数按照规定到达指定位置，规定好了一定的任务，然后对任务的完成情况进行考核。片断化的时间，也是一种被连续整合的时间。进化的时间，在这里，也意味着一种创造力，一种突破碎片化时间的创造力，在这个过程中，尽管个体被分配在分割的、异化时间内，这种时间依然会被分割转化为文化时间，学员们在不上课的时间内，撰写演讲稿，交流文化活动的实践经验，以个体的文化生产实践丰富了乡村文化的传播过程。

---

① 来自2017年9月1日的访谈资料。

② 来自2017年8月29日的访谈资料。

文化考核体系：个体文化生产的新实践

在封闭与分割的空间和表格化的时间序列中，考核最终成为制度规训的结果而被实施。对宣讲团而言，参与者最终的考核，是通过在封闭式空间的文化展示活动来完成的，被考核者准备5分钟的演讲稿，演讲稿由培训老师帮助修改，并对如何演讲提出自己的建议。

2015年有13名演讲者提交了书面的演讲稿，其中，13篇演讲稿的主题中，直接与农民观念提升观念吻合的有以下几个题目：（1）农民观念提升，转变生活方式；（2）就业梦；（3）“农民观念提升工程”影响你我他；（4）厉行节俭，理性消费；（5）我的文化梦。这5篇演讲稿中，其内容都是讲通过听了农民综合素质提升工程老师的授课之后，观念如何发生了改变，在对待就业、家庭生活和消费、理财等方面发生的变化，即用生活化的语言，进行制度化的生活叙事。

这些与新型农民综合素质提升工程相匹配的主题，是根据制度规定的主题设计出来的，在人物事件与主题的对应上人工痕迹十分明显，全部13篇演讲稿经过考核评审小组（考核评审小组由政府部分的人员组成）打分之后评出优良两个等级，与所要求的主题无关的，要重新撰写，其余的稿件则由老师对文字进行再度润色加工，这些演讲者组成正式的宣讲团，拿着撰写的演讲稿到村里给农民进行培训。2015年的演讲稿中，尽管一大部分与工程主题无关，但部分主题与农民的日常生活有关系，都是发生在农民身边的事例，因此参加封闭式培训上台展示的参与者，最终都到村里给农民进行了演讲。

2017年有15名演讲者提交了书面的演讲稿，其中与新型农民综合素质工程直接相关的演讲稿只有一篇，题目为“我的新生活”。这位演讲者同时也是2015年宣讲团的参与者，是一位48岁的女性，她热情洋溢地描述了她的家在拆迁之后，住进了楼房，有了一百多万元的拆迁款，但是她和丈夫还是分别在商场里找了一份工作，因为她觉得，就业不仅仅是为了生活，还是为了实现自我，她觉得自己正在迈向新生活！全篇演讲稿文字欢快，情绪饱满，充满了希望与信心。其余的 14 篇演讲稿，写作的方式与 2015 年的有很大差异，参与者都是从自己的生活经历出发，演讲的时候表情丰富、情节生动。考核的时候同样是政府的人员和培训的老师一起观看展示，然后打分，分出优良等级。评审小组认为，2017 年 15 篇演讲稿都很不错。组织培训的一位老师告诉笔者："我们专门给每个演讲者都做了视频，这些演讲者都表演得很棒，我听了都很受感动和启发。"①

在宣讲团的制度化规训中，这四个个体分别是：封闭的空间中对个体的分割；对个体参与活动的编码；个体在授课中参与活动所获得的实践感觉和实践经验；通过空间分割化、时间表格化以及活动的累计所合成的力量。

三、农民个体主动参与的乡村文化生产与传播实践

农民个体的文化生产

2015 年参加农民宣讲团的人员有 22 人，2017 年参加农民宣讲团的人员有 49 人，这 49 人中，重复参加者有 2 人，其余的 47 人均来自农村。他们的职业都是农民，兼职做一些村里的基层治理工作，比如担任村里的就业指导员（8 人）、妇女主任（3 人）、文化组织员（6 人）、"大学生村官"（2 人）、普通村民 28 人。在制度层面，这些参与者都是通过推荐的，制度化痕迹浓厚，但在农村的熟人社会中，哪位村民能说会道，喜欢演讲，几乎是人尽皆知。笔者在参加新型农民综合素质提升工程授课

① 来自 2017 年 9 月 1 日的访谈资料。

期间发现，不仅村民之间比较熟悉，临近的村落之间，村民之间的关系也不陌生，这一方面和农村定期举行的集市关系密切，另一方面与村民之间的流动有关系。随着市场经济改革的深入，土地流转、乡村拆迁等因素对乡村社会带来了较大的冲击，这些冲击均加速了村民之间的流动，而村民中擅长文化活动能力的组织者则会脱颖而出。

由于参加宣讲团的农民都是参加过新型农民综合素质提升工程培训的农民，他们虽然来自农村，但差异较大。在这 47 名来自农村的演讲者中，其所在村庄拆迁者占 50%；其余的农民演讲者中，虽然有的还居住在村庄，但已经不再以种地为业，他们的土地大多已经流转，每年的收入以土地流转的收入和外出打工为主。基于这些较为不同的情况，在演讲稿的撰写中，农民更多地希望能够叙述自己当下的生活状况，与新型农民综合素质提升工程的要求无关。

2015 年的演讲稿中，老师在修改时写道：“不少演讲稿与新型农民综合素质提升工程无关，怎么办?” 2017 年，只有一篇演讲稿提到了新型农民综合素质提升工程，其余演讲稿都在书写村庄的改变给自己生活带来的改变，尤其是将主题集中在个体的自我成长上。

有一篇演讲稿的题目是“磨难是一种财富”。演讲稿首先讲述了关于狼和羊的故事，指出在生态环境中，没有磨难就不会有生态平衡的系统。继而说到飞蛾破茧而出的故事，最后指出，“每个人要过过苦日子，才更觉得现在的生活来之不易。没有过去几代人的艰辛努力，哪来现在的辉煌。磨难才是进步的动力。”

还有一位演讲者描述了自己如何通过招聘考上了就业指导员岗位，并且做了 10 年就业指导员的职场故事：工作中需使用电脑工作，她便通过参加各种培训班自我学习。她提到“村民们到村委会办事，比如说，外地媳妇迁户口过来，需要用计算机打印材料的，我就主动地帮他们打印，现在村里的很多老百姓有用电脑的活都不用去门店花钱做了，到村委会找我既方便又省钱，能帮到大家，我心里别提有多高兴了，也深受老百姓的好评，现在所有的工作我都能独立地用计算机来完成，不但省时省力又方便快捷。我还学会了上网，在网上买东西，既便宜又方便，儿子时常投来佩服的目光，我老妈现在真厉害呀，是跟以前不一样了，与时俱进。”①

笔者询问演讲者是如何寻找演讲主题的，他们的回答有以下几种：

“都是从生活中来的……”

“生活变化大，我也改变了，不能像之前那样，糊里糊涂的，要有自己的想法。”

“我自己推荐自己参加宣讲团的，演讲稿也是在家里自己写好的，就是想写个人感受。”

笔者询问其中一位授课的老师，他说：“和新型农民综合素质提升工程完全相关的演讲稿怎么写呢？农民在生活中受到各种因素的影响，也没办法判断相关不相关。”政府部门的负责人针对这种情况则说道：“基层工作主要是针对农民，政府只能提出要求，具体如何实施，还主要看农民。比如演讲稿，他们就写一些自己愿意或者熟悉的内容。”②

参加宣讲团的农民，尽管是通过基层推荐的，但作为演讲个体，在撰写演讲稿时，是完全基于个体的选择，换言之，演讲稿本身便是个体的一种自我自发的文化行动与传播实践。

农民个体的文化传播实践

在2015年和2017年两年的宣讲团中，都有这样的情况，有的人没有加入宣讲团的微信群，也没有参加演讲。有的人虽然加入了微信群，却

---

① 来自2017年8月30日的访谈资料。

② 来自2017年8月28日的访谈资料。

又没有参加演讲。有的人是加入了微信群，也参加了封闭式培训的演讲比赛，但最终并没有到乡村对农民进行演讲。这些成员参加宣讲团及其相关活动的动机有以下几种：①

第一，制度性自我文化实践。有几名参与者，报到之后，参加了一上午就请假了。然后再也没有出现过。笔者第一天遇到其中一名，他说："没办法。政府要求要推荐三个人，我实在是找不到其他人来参加，就只好自己来了。但是单位工作好忙啊，没有时间写演讲稿，也没空去参加乡村的培训。我也就来报到一下，出席一下，然后就请假了。"笔者说："这也是挺好的机会啊！锻炼一下口才。"他回答："这种基层培训也不少啊，没有太多时间都参加。"

据了解，2015 年封闭培训期间，请假者有 5 人，没有写演讲稿者有 4 人。这 4 人中间有 2 人，虽然没有演讲稿，还是参加了演讲展示。2017 年封闭培训期间，请假者有 6 人，没有演讲稿者为 8 人，其中 4 人上台参加了演讲。笔者询问原因发现：请假者大多是为了应付任务而报名的，他们认为报名了就说明参加了，2015 年报名了没来报到的有 2 人，2017 年报名了没来的有 3 人。没有演讲稿参加演讲的参与者中，有 2 个人是因为不会使用电脑，用手写的演讲稿，其余的几个人则认为，给农民演讲不需要演讲稿，拉家常就可以了，为什么一定要写成文字稿然后去念？他们上台展示的时候，也是从农民身边的事情说起。这几名参与者认为，政府不了解农民，培训的专家也不了解农民，农民需要的是用农民的语言和他们聊天，而不是去搞正式的演讲。

第二，个体的文化再生产。那些参加了宣讲团的封闭培训的学员，他们也提交了演讲稿并经过培训老师对演讲稿做了修改，这些参与者是

① 本部分的资料来自笔者在宣讲团封闭现场对培训者、组织者和宣讲团成员的采访，采访时间为 2017 年 8 月 28 日至 9 月 1 日。

否都参加了此后在乡村对农民的培训呢？培训组织者告诉笔者，2015 年大约有 8 人去乡村对农民进行了演讲，2017 年大约有 7 人去乡村对农民进行了演讲。对农民的演讲，并不仅仅限于 1 次，一般会有 3 到 5 次，具体次数取决于演讲者所在的镇，一位参加了 3 次在乡村对农民演讲的演讲者说：

"我在 3 个村做了演讲，我觉得自己演讲得很好，也没有按照演讲稿念，是脱稿的，听的农民还是不少人在说话，或者根本就不听。不过，我也习惯了。在村里组织活动的时候，也常常遇到这种情况，后来，我改变了演讲策略，改为谈话式的演讲，感觉听的农民专心了很多。"①

另一位参加了 5 次的演讲者则说：

"我原来是村里的小学老师，后来学校没有了，我就在村里干点文化活动组织工作。自己认为还比较了解农民。加上之前也在农村做过培训，讲起来，觉得没什么困难，但是内容，确实没办法按照政府的要求来讲。那样讲，农民就乱了。"②

有一位演讲者的题目是"不让一个残疾人掉队"。他是一个小区的物业管理员，整个演讲就是为了宣传小区工作，所以在对农民演讲的时候，他还准备了小广告册子，给农民当场发放。

以上这三种形式大致体现了个体自我实践的三种形式，一种形式是根据演讲现场进行调整，另一种形式是根据自己的经验进行演讲策略调整，最后一种形式就是把政府组织的培训活动当成了宣传自己单位的一个机会。

此外，笔者不仅加入了宣讲团的微信群，还添加了几位宣讲团成员为微信好友，与他们进行私下的交流与访谈。微信访谈了 3 位宣讲团成

① 来自 2018 年 3 月 10 日的访谈资料。

② 来自 2018 年 3 月 10 日的访谈资料。

员，情况如下：A女性48岁，参加了2015年、2017年的宣讲团；B女性35岁，参加了2017年的宣讲团；C女性40岁，参加了2017年的宣讲团。

笔者在微信群里询问这些宣讲团的成员是如何选择演讲题目的。他们的反应很积极，马上有几位回答道："老师，能不能把邮箱告诉我们，把演讲稿发给你，你帮我们修改一下？"笔者收到的演讲稿，并不仅仅限于他们在宣讲团的演讲稿，被访者A发来了6篇演讲稿，内容都是关于个人生活变迁的，她告诉笔者，因为她喜欢演讲，无论是政府组织的还是民间组织的，她都报名参加，她说：

"我们村里的房子都拆迁了，家里的土地也流转了，孩子已经工作了，我们夫妻二人，就重新就业了。先生在超市送货，我在村里做文化组织员工作。"

笔者问："那么，这两份工作的收入能够全家的生活花销吗？"

她在微信上发了一个笑脸：说："怎么可能够啊！我做文化组织员，一个月的工资只够我自己吃饭。"虽然演讲不能带来经济收入，但她喜欢参加各种文化活动，方圆几十里村里的文化活动，她都去主持、演讲或者进行组织，觉得很开心，乐在其中。

被访者B所在的村落还没有拆迁，孩子上小学，她原来在村里开一个理发店，先生做物流工作。后来觉得开理发店的工作太单调、无趣，村里的文化组织员招聘，她就报名并考上了，但是文化组织员收入太低了，一个月只有400多元，她就上午在村委会工作，下午在理发店工作。她特别喜欢演讲比赛，还组织了一些文化活动，在微信聊天期间，她发来了她正在主持的农民才艺比赛的节目单，她本来是去观看比赛的，但临时发现没有主持人，就自告奋勇做了主持人。因此，她对自己参加宣讲团的演讲稿特别重视，不仅发了邮件给笔者，还希望笔者可以帮她好好修改，以便她可以演讲得更好。

被访者C认为自己是个热爱生活的人，演讲是其中一个业余爱好。她在微信上给笔者展示了她自己钩织的拖鞋，很漂亮。她还给自己家里人做衣服，很喜欢做裁缝工作。参加宣讲团对她就是一个拓宽视野的机会，“否则也认识不了那么多人呢!”

显然，在微信群里，宣讲团的成员将自己参加的宣讲活动看作拓展社会关系、开阔视野的一个机会。

从上述的描述与分析可以看出，农民作为个体，在演讲的题材选择、故事形式的选择、表达形式的挑选、参加演讲的动机等几个层面来看，均体现出个体主动对演讲这一文化生产活动的参与与传播。作为农民中的文化佼佼者，在演讲稿的生产与传播中，宣讲团的成员与普通农民之间实现了交互式的文化传播与文化再生产活动，听过演讲的农民在这个过程中，也获得了对乡村文化生产的潜在意识，并同时促进了他们对乡村生活的认同感与在地感。

四、结论与讨论

结论

通过农民宣讲团及围绕宣讲团的相关分析，本章所试图阐明的问题是：在制度引导与农民个体的文化生产与传播实践之间的领域所呈现出来的关系，具有什么样的特征？经过上述的分析，得出如下的初步结论：

结论一：制度引导的程序化治理与执行制度的程序者之间，充满了诸多不确定的内在张力，在这种内在张力形成的过程中，个体农民的文化生产与传播实践得以展开。

作为制度中所安排的农民，是在政府组织者、培训组织者和培训者所“人为设定的”制度治理空间中进行文化生产活动的。在封闭的治理空间中，农民们的行动被设计为在时间分割上、仪式化程序中的一个个片断，在这些片断的重新组合中，参加宣讲团的农民们被定格在一个似乎超出了他们当下生活的空间的“人为”环境中，在这个“人为”环境中的农民，与培训者和培训组织者一起成为制度疏导系统中的一个个“零件”，在重新组合之后，合成为一种新的力量。这种力量便是制度引导所设想的结果，但是这种力量并非是制度引导本来的力量，而是在时间空间的约束中，考核制度的引导中被弹性化地赋予的。换言之，制度中实施引导程序的人所引导的效果与制度所要引导的效果之间，出现了位移现象，在这个过程中，乡村文化的生产与传播实践过程被重塑了。

结论二：制度程序的实施者与被引导的个体文化的生产与传播实践之间，处在合作与非合作、在场与不在场的动态关系中。

制度引导者在实施各种规定的过程中，与被引导的农民个体之间不断调整合作关系，比如报名环节的程序化操作，报到环节的不在场状态，或是培训演讲展示的缺席，都造成了治理程序展开过程的中断，每一个中断的环节都迫使治理理念的实施者调整原来的制度安排程序，重新建构一种新的“现场”程序或者“实践安排”，换言之，制度实践者所实施的程序与被引导的个体之间，始终处在动态的关系，这种关系以三种形式呈现出来。第一种关系：在场与不在场。即实施者的在场与被实施者的不在场，从培训的第一个环节到最后参加培训者在农村的公开演讲，每个环节都是在场与不在场之间的一种文化博弈。第二种关系：疏导与反疏导。比如在演讲稿的主题选择中、在针对农民的演讲中，被规范者总是试图按照个体的想法进行选择，规范者不得不调整培训程序，应对农民个体的文化行为与传播实践的挑战。第三种关系：合作与非合作。在制度引导者与被引导者之间，有部分程序需要二者之间相互配合才能实现，比如演讲稿的提交，对于培训者而言，是为了完成指定的工作；对于被培训者而言，则是一项“额外的工作安排”，这项“工作安排”并且没有任何报酬，还“耽误”了他们的日常工作安排、占用休息时间。培训者需要根据面对的现状，对制度的疏导程序进行一些非合作性的调整，被培训者则会根据个人的需求对培训者的要求进行一些非合作性的应对，合作与非合作的关系在这个意义上因此也是一种动态关系，这种动态关系也是乡村文化生产与传播实践活动得以展开的一种典型特征。

讨论

“通过创造我们的文化世界，我们成了我们自己”[①]。在农民成为自己的过程中，乡村治理、农民的个体化过程以及乡村文化的再生产与传播实践分别扮演了不同的角色，如前所述，这些角色及其关系的产生都是治理实践与个体行动意愿之间互相影响的结果。换言之，在制度引导程序、制度的实践者与被引导的农民之间，存在一个人为的秩序设定与主动诉求的个体之间所隔离的中间领域。在这个中间领域中，起点恰恰是治理实践的程序安排，终点则是被理解的治理实践的程序安排，这种被理解的治理实践的程序则是治理实践行为的实施者在程序实施过程中，所采用的具体措施与治理手段。作为被实践者的个体农民，则采用自发与主动诉求的个人文化生产与传播实践活动，比如喜欢文化活动、喜欢演讲等，在实施者所预设的治理实践空间与制度时间安排中，潜在构成了另一种治理实践中潜在的秩序，而这种潜在的秩序与制度实施者所实施的秩序之间的动态关系，构成了农民隐性的文化生产与传播实践的新形式，在一定程度上是一种新的乡村治理形式。

因此，个体农民与乡村治理的制度安排之间的关系并不仅仅是以

① Willis，P. . *The ethnographic imagination*. London：Polity press，2000.

“显性”的形式出现，更多的是体现在制度化的实施与反实施过程所形成的张力中，而这种张力不仅是动态的，同时也隐含了个体自发性与人为设定的制度秩序之间的冲突。这种人为设定的制度秩序是制度程序化的预设或者投射，也是自发的农民个体进行自我引导与制度引导的载体。

从另一个视角来看，在现代化进程中，以土地为中心的生活方式以及生长于这种生活方式之上的文化被否定，乡村文化、风俗习惯发生剧烈的变化，村民的生活方式与土地的互动已经断裂[①]，在这种情形下，制度引导与个体文化生产与传播实践之间的动态关系，也可以说不仅仅是一种新的乡村治理方式，也生产了一种新的乡村治理逻辑。这种新的乡村治理逻辑是建立在村落组织成员之间的文化实践与传播互动过程中的，在这个过程中，行政治理理性与个体实践逻辑之间出现了相互博弈的现象，这也预示着一种新的乡村治理逻辑正在“浮现”出来，该逻辑在新技术扩散中、在政策调整和基层政府的制度性设计中走向何方，还需要继续观察。

最后，农民宣讲团的参与者来自农村，他们是农民与政府之间的桥梁与纽带，如何发挥他们的中介作用，是值得进一步探究的问题。历史研究表明，1924 年广州农民运动讲习所中，学员大多出身中下家庭，个人资历浅。广州农民运动讲习所学员的入学资格：“年龄在 18 岁以上 28 岁以下，身体强壮，勤敏忠实，无恶劣嗜好，在中学毕业及有相当之程度者，始能合格……凡农民协会会员，或佃农子弟均一律录取。”[②] 对农民的宣传策略如下：国民党领导人亲自向农民演说；派遣人员到各地组

① 李佳：《从资源到产业：乡村文化的现代性重构》，《学术论坛》，2012 年第 1 期，第 77-81 页。

② 王奇生：《革命的底层动员：中共早期农民运动的动员参与机制》，参见徐秀丽、王先明主编，《中国近代乡村的危机与重建：革命、改良及其他》，北京：社会科学文献出版社，2013 年版，第 237 页。

织农民，但即便如此，农民依然不信任外来的宣讲者。这里所研究的农民宣讲团，宣讲者兼具两个身份，一个身份是村里的管理者，另一个身份则是在村里“能说会道者”或者“专业技术人员”，行政和地方的双重身份使得他们在村落中宣讲时更容易得到农民的信任，获得更好的宣传效果。因此，在未来的乡村治理中，如何将行政与地方化的资源结合起来，或许亦是使得治理有效的一条途径。

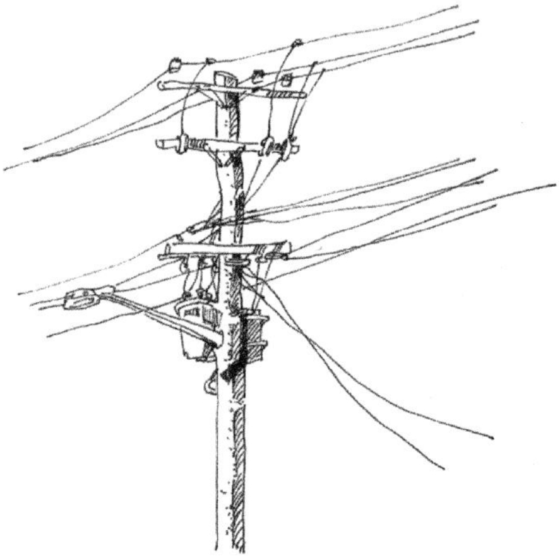

转：文化乡愁　乡村记忆与乡土情怀

第六章　集体记忆与乡土叙事

记忆既是一个我们无法完全充分加以定义却不得不总是将其日常化的概念，又是一种我们时常提醒自己不断认同自身完整历程的符号，它立足于现在却不断地构建着“新”的现在和未来。记忆的在场是记忆游荡在个人的私密空间和社会群体周围的一种表现，此时，它穿越了时空，不断修复着“此在”的时空感。人的无可选择的社会化使得个体的记忆不可能仅仅是属于个体的，但也唯有在记忆和想象中，个体与群体的关系方能史无前例地融合，并诉说着断裂和融合的瞬间，且意味深长地延续着历史的种种具体而微的社会关系。在这种意义上，单纯的个体记忆是不存在的，我们拥有的仅仅是集体记忆。

那么，我们是如何建构自身共有的集体记忆呢？集体记忆的逻辑又是如何构成的呢？

首先，我们的日常生活是从家庭场景开始的，记忆永远是场景的断片和细节的碎末；记忆恒常地与场景所连接的感情相关，与事件的结果往往无涉。一个刚刚进城的农民，携带着的是乡土生活的种种感觉和记忆，他的房子、他的家庭、他的日常生活、他的耕地等因素在其记忆的空间格局中很稳固地形成一个几乎不可摧毁的框架，他默默地行进于都市的日常生活中，一方面不得不消磨着生活记忆的种种裂痕，另一方面则不得不艰难地延续着新的记忆裂痕。正如布洛赫所说：“我们的记忆，特别是最早的记忆，确实是属于‘我们’的记忆：那些可能如同我们自己一样了解我们这些记忆的人，不是消失了，就是离开了。然而，由于我们的过去是由我们惯常了解的人占据着，所以，如果我们以这种方式逃离了今天的人类社会，也只不过是为了在别的人和别的人类环境中找到自我。从这个意义上讲，一个人只有通过将这个社会与另一个社会对立起来，才能逃离这一社会……”[①] 换言之，生活在社会关系中的群体，即使是与社会完全隔绝，也难以隔绝与该社会成员所共有的集体记忆。

其次，集体记忆所赖以积淀的社会框架一旦发生断裂、转折或者是转换，记忆也不得不在另一种社会层面所赋予的生活场景和社会现场更新，甚至是蜕变。换言之，“对于集体记忆来说，只要支持它的社会一直存在，集体记忆就会获得滋养、不断推陈出新，得以强化和丰富，而不会丧失它逼真的色彩”[②]。而一旦难以获取支撑集体记忆存在的生活体系，人们便不得不穿越时间和空间的漫漫轨迹，寻觅着也已消失难以复制的情怀，并将之积淀为集体和个体生命一种潜在的终极情怀。然而，“时间和空间上的细节，不论对当时的人来说多么具体而鲜活，后来都会转变成一般的特征”[③]。从鲜活性到一般性，集体记忆的断裂与黯然伤神不得不在新的社会场景中重新设置，以便完成集体的持续社会化过程，使自己成为属于“这个时代的人”。

最后，集体记忆的形成逻辑与一个群体、一个民族，甚至是一个国家的社会历史和文化变迁的过程紧密配合，并独立地在群体集体无意识的心理态势中，暗自而悄然地建设着群体的一个共同家园，这一共同家园的“此在”仅仅在遭遇了社会历史情境的具体而微的时间断点和空间阻隔时，才会极其强烈地唤起个体内在的那种莫名的集体记忆。因而，集体记忆的逻辑并不是旗帜鲜明或是清晰明了的，更多的是一种粗略的

---

① ［法］莫里斯·哈布瓦赫著，毕然，郭金华译：《论集体记忆》，上海：上海人民出版社，2003年版，第87页。

② ［法］莫里斯·哈布瓦赫著，毕然，郭金华译：《论集体记忆》，上海：上海人民出版社，2003年版，第167页。

③ ［法］莫里斯·哈布瓦赫著，毕然，郭金华译：《论集体记忆》，上海：上海人民出版社，2003年版，第173页。

呈现，学者在研究一个群体、一个民族乃至一个国家的特征时，鉴于这种模糊性，常常不得不借助于一些个体在具体的社会情境中的行为来进行分析和阐述。

集体记忆的逻辑演变在中国人的集体行为中，显著地呈现出更为鲜明的集体化特征，而鲜有对个人自由的明确追求。“中国文化对人的程序设计，是将一些社会义务——例如：安身立命、成家立室、生男育女、赡养父母——用外铄的方式按在每一个人头上，令人们很少用‘内省’的方式去批判或接受这些先定的角色。然而，这种强调外铄性的程序设计往往也是有效的，它令一个人不假思索，毫不考虑地去履行‘做人’的义务。这无疑是中国文化令‘个体’对‘集体’负自己一份责任的方法。”① 对鲁迅而言，回到阔别了20余年的故乡，他原有的乡村集体记忆在都市社会的“陌生人”世界中的淡忘，不得不再度深刻地被唤起。这种乡村集体记忆以家族的形式和乡土社会的规矩，将他硬生生从熟悉的都市生活模式和文化信念中拉了回来。

《故乡》写于1921年，20世纪初期在城市生活中屡屡发生的革命事件、域外生活的林林总总的经历和记忆，作为个体的鲁迅尽管在海外、在大都市、在大众媒介的形态中、在革命实践的体验中，已拥有了个体的丰富生活经历和生活体验，作为周家的长孙，却不得不依照乡土社会经年累月形成的规则，完成他原初的职责和使命。此时，作为个体的鲁迅，其多年的都市生活在中国传统的乡土性面前，渐渐隐退了，正如费孝通先生所说：在乡土中国中，“世代间人口的繁殖，像一个根上长出的树苗，在地域上靠近一伙。地域上的靠近可以说是血缘上亲疏的一种反映，区位是社会化了的空间。空间本身是浑然的，但是我们却用了血缘的坐标把空间划分了方向和位置。当我们用‘地位’两个字来描写一个人在社会中所占的据点时，这个原指‘空间’中的名词却有了社会价值

① ［美］孙隆基：《中国文化的深层结构》，桂林：广西师范大学出版社，2005年版，第277页。

的意义。这也告诉我们‘地位’的关联派生与社会的关系”[①]。长孙的地位，既是对当时乡村生活记忆的一种原初的界定，也在时刻提醒着个体身份在集体记忆中的位置，也正是在这一背景下，鲁迅将个体的都市记忆与乡村的集体记忆混杂起来，展开了他的一种既有浓郁的个体特色，又具有普遍的集体记忆的乡村话语叙事。

个体的单纯记忆首先表现在对原有记忆的一种回顾：“我所记得的故乡全不如此。我的故乡好得多了，但要我记起他的美丽，说出他的佳处来，却又没有了影像，没有言辞了。”[②] 尽管作者解释为或许是“自己心情的改变，因为我这次回乡，本没有什么好心绪”[③]。因为，他要代表周家将祖屋卖掉，从此脱了乡村话语的世界完全驻扎到都市的生活现实中，尽管多年来，他一直生活在城市中，也习惯了城市生活的诸种逻辑，但是个人成长所积淀的集体记忆却时时刻刻提醒着个体，对自身深层记忆中的乡村情怀的留恋或遥望。换言之，“中国人的‘个体’是很单薄的，因此常常受到人情的磁力场之温暖的包围，中国人的‘个体’也是无法对自己下定义的，而必须由‘仁’这种关系才能定义‘自己’”[④]。城市的漂泊者和乡村的坚守者之间关系的描述，便成为鲁迅《故乡》乡村叙事的话语逻辑的延展过程。

回乡，需要拜访的是本家亲戚、儿时的玩伴、久远的邻居，在这些人物的先后出场中，亲戚的固有性是无须言明的，走亲访友是中国人集体记忆中的一个不得不走的程序。而儿时的玩伴和久远的邻居，则存在于代表着两个端点的童年乡村记忆中。玩伴带给作者的是童年时代对乡村生活细节的想象与描述，伴随着甜美的感觉和新奇的心态，并希冀将这种感觉延展固定在记忆的某个角落，但乡村生活的变迁似乎将这种希

---

① 费孝通：《乡土中国　生育制度》，北京：北京大学出版社，1998年版，第77页。

② 鲁迅：《呐喊》，北京：人民文学出版社，1973年版，第64页。

③ 鲁迅：《呐喊》，北京：人民文学出版社，1973年版，第64页。

④ ［美］孙隆基：《中国文化的深层结构》，桂林：广西师范大学出版社，2005年版，第22页。

望逐渐湮灭了，在20年隔阂之后深刻地在“地位”的空间中继续蔓延着，规矩的集体记忆再次提醒了成人世界里的乡土逻辑和社会规则，换言之，“乡土社会的信用并不是对契约的重视，而是对于一种行为的规矩熟悉到不加思索时的可靠性”①。这种不加思索的行为模式所携带着的集体记忆的潜在逻辑，足以将鲁迅在都市生活20余年的生活逻辑完全摧毁，乡村生活的底层坚守者和离开了乡村生活规范性的都市漂泊者在乡土社会的叙事逻辑中，再度无情地相遇着，坚守者依旧艰涩地过着日子，依旧在身份和地位的层次中安分守己地生存着，漂泊者莫名地怀着体验精神家园的梦想，却不得不强烈意识到乡土社会的普遍逻辑与强制性逻辑之间的关联。

个体记忆、集体记忆、乡村现象与乡村想象在《故乡》简约而冷静的话语叙事中流淌，安逸而沉默，个体关系在集体关系的逻辑模式中，无尽地被蹂躏着。乡土叙事不再是乡土叙事，而演变为乡土想象，乡土想象也不再是乡土想象，而蔓延为乡土现实无情的“此在”。这一刻，作者或许意识到他原本告别的根本不是自家的老屋，而是乡村生活的叙事模式，集体关系的逻辑。又或者，他深刻地意识到，中国人的精神形态必须通过集体关系才能去完成。无论个体深处何地，身份始终是坚守者或漂泊者，家园始终是乡村社会潜在的生活逻辑。尽管鲁迅是由于家庭的变故和变故后的人生体验，才有机会接触和了解农民的生活。特别是在他祖父入狱的前后，他不得不到农村的亲戚家避难，一度居住在农村，也并不是地地道道的农民，但乡土生活对作为中国近代知识分子前身的“士”而言，却一度是其精神的故乡。鲁迅儿时的记忆，一方面，反映了乡土生活具体而微的乐趣与脱离土地生活的差异性；另一方面，则反映了农民阶层在当时社会变迁中的艰辛与苦难历程。“据自身的性质，所有意识内部的深刻变化都会随之带来其特有的健忘症。在特定的历史情况下，叙述就从这样的遗忘中产生。在经历过青春期造成的生理和心理的

① 费孝通：《乡土中国　生育制度》，北京：北京大学出版社，1998年版，第10页。

变化之后，就已经不可能再‘记得’童年时期的意识了……”[①] 一个完整的个体人格和集体人格在社会变迁和个体体验中，难以完整地在乡土社会的视野里重复和再造，只能在割裂的状态中找到自身的“此在”。某种程度上，鲁迅回到故乡的行为便是一种试图呈现自身“此在”的一种潜意识行为，他暗暗地含着这样的希望，在乡土叙事的期待中，与童年时代的乡土记忆短暂相逢。

从社会变迁角度而言，或者我们可以提出这样一个问题，集体记忆的延续与乡村叙事的断裂之间，不仅映射出民国时期乡土社会的凋敝，也更为深刻地反映了当时社会现实中，正在发生的城市化进程对乡村生活的间接性冲击，也即反映了在外来力量干预下的中国都市的畸形发展和农村社会的持续化衰败景象，城乡之间的巨大差异使得依然浸淫于都市生活社会模式中多年的鲁迅，怀有一种近代知识分子的救世情怀和对田园生活的美好想象，在简约的文字叙述中缅怀着他的精神故乡。

20 世纪 20 年代前后 10 年，正是中国社会发生重大变化的 10 年。但是，农业危机的显而易见性在 1920 年以前并没有得到足够的重视，当时“观察农村情况的人，几乎没有谁对农业即将发生的灾难发出过警报。…… 可是在 1920 年以后，文字记录普遍显示，实际的困难困扰着农业。……这不仅是个农村人口暂时性的生存危机，而是一系列持续发生的混乱，结果产生了两种新现象。一方面，城市与农村发生了周期性的经济分离，因而城市得不到从农村来的粮食和纤维时，更加依赖对外贸易。另一方面，农村的苦难急速加重。大批人群从一个省迁徙到另一个省；饥荒，农民逃入城镇乞讨，妇女沦落，父母被逼卖儿鬻女，大量农村人口失业，农村普遍欠债和被迫出售土地，凡此种种，都足以证明上

---

① ［美］本尼迪克特 · 安德森著，吴叡人译：《想象的共同体：民族主义的起源与散布》，上海：上海世纪出版集团，2005 年版，第 193 页。

述论断。这些事从前是很少的，现在则是司空见惯。……”[①] 鲁迅所看到的或者是自身的乡土社会集体记忆的唤醒过程，但在客观上为我们呈现了20世纪20年代初期农村生活的没落与凋敝的具体而微的现实。他笔下的闰土形象：“他只是摇头，脸上虽然刻着许多皱纹，却全然不懂，仿佛石刻一般。他大约只是觉得苦，却又形容不出。……多子、饥荒、苛税、兵、匪、官、绅，都苦得他像一个木偶人了。”[②] 以深刻的无奈的笔触，展现了当时农民生活的集体心理状态，无从描述却又无可奈何。而他对乡村生活中快乐少年所陈述的生活纪事的轻快陈述，似乎是对眼前现实的一种沉重的讽刺，乡村已不再是田园牧歌式的生活状态和生活理想，而成为演示中国近代社会变迁过程中最为惨烈的社会现场之一。

终究，坚守者依然要坚守，漂泊者依然要漂泊，“老屋离我愈远了，故乡的山水也都渐渐地远离了我，但我却不感到怎样的留恋。我只觉得我四面有看不见的高墙，将我隔成孤身，使我非常气闷，那西瓜地上的银项圈的小英雄的影像，我原本十分清楚，现在却忽地模糊了，又使我非常的悲哀”[③]。远离了故乡的“我”，依然要在成年之后熟悉的都市生活中度日，乡村的苦寒与艰辛，无奈与衰败，在一日日岁月缄默中，或者也会渐渐淡尽了，但是在“我”背后远去的仅仅是“故乡”吗？或者，多年之后的“我”再度返乡，集体记忆再度被唤醒，再度被构建，下一代的隔膜如何与“我”的经历一般，惊人地再现呢？尽管我不希望下一代如我和闰土一般隔膜，却又不希望他们为了不再隔膜而艰辛或奔波地度日，这种无奈与艰辛的描述，令人想到的不仅仅是对新社会的渴望，对旧体制的绝望，而更多的是在这种绝望和希望的夹缝中，去追问城市生活与乡村生活之间的转换点该在何处？

---

① [美] 费正清，[美] 费维恺编，刘敬坤等译：《剑桥中华民国史》（下），北京：中国社会科学出版社，1994年版，第五章与第七章的相关论述。

② 鲁迅：《呐喊》，北京：人民文学出版社，1973年版，第70页。

③ 鲁迅：《呐喊》，北京：人民文学出版社，1973年版，第74页。

某种程度上，近代中国迟缓的现代化进程加速了中国农村社会经济崩溃的过程，20世纪30年代以后农村危机、救济农村、复兴农村、乡村建设、土地制度改革等成为社会各界变革中国社会所不得不面对的核心命题。鲁迅的《故乡》所描述的乡村生活现状，恰恰是对即将到来的更为深刻的近代中国整个乡村社会危机的一种预警式的描述。而他所描述的“我”与闰土之间的隔膜，在宏观的社会历史背景下，也成为当时城市的新移民与坚守土地的农民之间的隔膜，是城乡之间的客观差异的具体而微的呈现。“我”虽然是短暂地在农村居住过，但在传统中国的社会体制中，城市的出现是在直到鸦片战争爆发之后才有的现象，这之前，整个中国乡村仍是自然经济一统天下，而鸦片战争之后的城市发展是依据中国政府与外来者之间的条约所拟定的地域逐渐展开的，一开始便带有畸形性和非均衡的特征，同时使城乡之间的关系建构在城市片面掠夺乡村的基础上，城乡之间的这种关系不仅直接破坏了中国经济与社会原有的同质性，造成了传统的城乡一体化结构的破裂，而且也使新的城乡结构关系难以建立。

因此，“我在朦胧中，眼前展开一片海边碧绿的沙滩，上面深蓝的天空中挂着一轮金黄的圆月。我想，希望是本无所谓有，无所谓无的。这正如地上路；其实地上本没有路，走的人多了，也便成了路”①。“我”的希望或者便是城市与乡村社会的一体化的良性发展之路，也或者原本与希望无关，只是一种探索之路。而这种探索之路的先锋便是近代中国的第一代城市移民，或者说是民工潮，他们是中国近代的一个特殊的农民群体，他们在资本主义现代工业化的冲击下，主动或被动地走出原来被隔离的农村社会，来到了一个陌生的地域，形成了近代意义上的民工潮。②《故乡》中的“我”又何尝不是这一群体的一员，“我”从原有的乡土社会中走出，来到了域外的世界，见识了种种的都市生活场景，却始

① 鲁迅：《呐喊》，北京：人民文学出版社，1973年版，第75页。

② 池子华：《农民工与近代社会变迁》，合肥：安徽人民出版社，2006年版，第2页。

终怀抱着对故乡的精神依恋与情怀，乡土叙事不仅是一种对乡土话语的怀念，对乡土生活的记忆，更是对传统中国乡土性特征的集体记忆的呈现，而从乡村出走的不同“群体”，无论是知识分子，还是普通的农民个体，时空移民和地域差异在群体心灵的集体记忆上，始终铭刻着对乡村生活的精神依恋与向往，并断续地带着对城市生活的习惯与适应而艰辛地走着自己的路。

或者，城乡之间的差异性的呈现，更多是伴随着群体对乡村生活记忆的逐渐断裂与隔膜，而在这种断裂和隔膜中，个体在“新”的城市生活的集体记忆中，一日日地将个体记忆“镶嵌”在新旧交织的集体记忆中，进而积淀为一种集体无意识状态，并在集体记忆的想象和集体记忆的话语叙述模式中，延续着一个家族、地域、民族，乃至国家的文化和历史面貌。

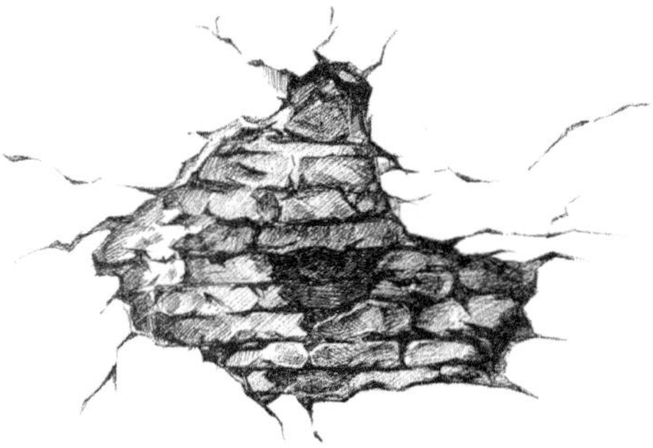

第七章　乡村还是乡土：何为乡村文化意识？

一、中国农民的文化生活

文化似乎正在成为中国大众生活中一个极为日常的标志，物质的和非物质的，文化的印记蔓延在社会生活的每个角落中。走在都市的大街上，常常有恍恍惚惚的感觉，一时间难以辨析文化到底是何物。

一日，无意中看到一些关于国外农民生活的书籍，有法国的、日本的、美国的、英国的、印度的等等。分别从社会变迁、农业现状、生活概况、教育、社会保障和传统习俗等方面简要描述了这些国家农民的生活。这些书尽管看起来是搜罗相关资料拼凑起来的，却让我想到一个问题：何时才会有关于当代中国农民的文化生活方面概况的资料呢？

2005 年前后，为了乡村发展的话题，笔者曾经编著了关于乡村文化经营的小册子，原本是为了完成朋友之约，却意外地从相关的媒体资料中发现，中国乡村文化的发展基本是在农民自发性和市场性的双重因素中，全面地向原有的文化系统回归的。这种回归一方面是顺应了文化产业的市场化趋势；另一方面则顺应了中国乡村文化的发展逻辑。这种市场化趋势的体现似乎在大众媒介的宣传报道中也时有出现，但是其内在的发展逻辑如何？中国农民具体的文化生活在当代社会转型中的形态如何？似乎是难以回答的文化难题。

1899 年，美国公理会教士明恩溥（Arthur H. Smith，1845—1932）

出版了一本《中国乡村生活》，以一个西方人的视角描述了19—20世纪中国乡村的生活概况，他在华生活了近50年，熟悉下层农民的生活，而且对中国很有感情。该书尽管带有浓厚的宗教色彩和西方人的主位视角，依然可以从中体会到当时中国乡村文化的一些特点，如关于乡村戏剧，他写道："或许中国戏剧最有启发意义的地方在于将（乡村）戏剧当作一种生活理论的导引。……有一个流行的说法是：'世界不过是一个舞台，为什么人要将生活当作真实的？可以说，中国人就是严格按照这种观念生活的，他们在心理上对实际的现实和理论上的'现实'不做区分'。这种理论上的'现实'，如果推到极处，就是虚构了。"乡村戏剧作为当时中国乡村农民的文化生活之根本理念便呈现出来了。鲁迅在《社戏》一文中对乡村戏剧的场景和观看者的行为体态以少年的视角做了描述，一种是上升到人生哲理层面的乡村戏剧，另一种是对儿时生活记忆的怀念，但归根结底都是对乡村文化的一种呈现。

费孝通先生在《土地里长出来的文化》中说，"文化，本来就是人群的生活方式，在什么环境里得到的生活，就会形成什么方式，决定了这人群的文化性质"。在《乡土中国》中则写道："……乡土文化中微妙的配搭可以说是天工，而非人力，虽则文化是人为的。这种不自觉的印合，有它的弊病，那就是如果环境变了，人并不能作主动的有计划的适应……"这里，费先生很简约地指出了中国乡村文化的两大特征：一是地域性，二是自发性。地域性是指乡村社会生活状态和乡村社会关系的制约，自发性是指乡村生活中的文化因素是存在于人们朴素的生活欲望中的。例如前面所说的乡村戏剧及其对乡村社会生活系统的意义。

诚然，乡村戏剧是一种传统的文化形式，乡村戏剧的地域性差异也成就了乡村文化发展的多元化特色。而其他的文化类型，如旅游文化、生态文化、田园文化等，则是在市场化的运作和社会观念的变化中逐渐衍生出来的。但是这种衍生的根，从来也只有一个，这便是土地。乡村文化是土地里长出来的文化，当农民与产生这种文化的土地逐渐隔离的时候，乡村文化的根应该在哪里？当代中国农民应该从哪里寻找乡村文化的根呢？

乡村影视的城市化主位意识，大众化报纸杂志对乡村生活的想象性呈现，文化这一术语在越来越流行的同时，却也失去了其原有的特征。农民在大众媒介营造的城市生活中填补着自己的文化需求，在市场机制作用下以失落的心态观望着城市。城市的物质载体和对城市生活的无穷想象构成了当代中国农民文化生活的一个沉重的负担，而乡村文化的原本特色在大众媒介中的市场化也在缓慢地催生着他们对乡村文化与市场化对接的萌动。

去发掘原有的乡村文化特质，去唤醒正在消失的乡村文化记忆，去记录正在发生的乡村文化场景，还是去培育新型的乡村文化发展思路？关注流动农民的文化生活、建设乡村文化的市场，或许都是必要的。但其核心的问题都是文化应该以什么方式回到土地中、再从土地中生长出来呢？只有土地中长出来的文化，才是乡村文化的灵魂。

因此，了解当代中国农民的文化生活，需要的也许不仅仅是文化下乡，也不仅仅是文化资源共享，更不是大众媒介报道系统中的想象性描述所界定的乡村文化。而是站在农民的立场上，将土地的原生性文化因素导引出来，在历史、文化、经济和社会的四维空间中，在全面开拓源于土地的文化因素的同时，实现城乡之间的文化资源共享。我们从成长记忆中唤醒的乡村文化生活，诸如民俗风情、生活风尚、季节时令等，无不包含着乡村文化的因素，只是这些因素就流淌在农民日常生活中。在这种意义上，城市文化与乡村文化之间的关系该如何理解呢？文化如果可以下乡的话，是否也应该文化进城呢？赵本山的小品或许是将东北乡村文化元素城市化的一个重要的尝试，由乡村到城市，在文化产业市场化的过程中，这种文化进城的行为无疑值得称道。

换言之，试图去理解当代中国农民的文化生活，其实是对乡村文化原有力量的一种尊重。文化进城可以说是对乡村文化的一种弘扬与发展，文化下乡则是城市主位下对乡村文化系统改变的一种行为模式。

文化到底该下乡，还是共享，或者是进城，大概是了解当代中国农民文化生活总体状况之后的一种文化选择，其背后的发展理念一是发展乡村文化；二是将城市文化资源导引到城市、建立城乡一体化的文化共同发展；三是将乡村文化拓展到城市社会中。这三种形式就其实质而言，其实是对乡村文化发展概念的不同理解视角。

除此之外，还需要认识到的一个问题是：农民是乡村文化的主体吗？即乡村文化的拥有者是谁？在当代中国农民的文化生活形式中，乡村文化的因素还残留多少？这些沉重的话题自然不是这篇短文要解决的。笔者只是想到了童年时期乡村生活中的文化记忆，想到了在城市调查中了解到的农民工们对乡村文化生活的片段性记忆的状况，想到了 19 世纪、20 世纪乃至 21 世纪乡村文化生活的变迁，不由得怀念乡村生活记忆中的社戏的影子，以及社戏台下热闹而纷繁的农民生活场景。

但愿历经了一个多世纪变迁的中国农民，能够拥有丰富而充盈的乡村文化，并且是在文化自觉中逐渐拥有的。

二、疫情之下的乡村文化：回归乡土还是走向市场？[①]

2020 年似乎没有春节，日子在疫情的纠缠里，跌宕起伏着。

微信群里的乡村、媒体报道上的乡村，再次成为与城市相对的另一个场域。那里，地理空间和人员流动相对封闭，在春节的气息中，变为一个冷清、被遗忘却又值得警醒的地方。

笔者曾经调研过的一个村庄，在门口设置了检查站。微信朋友圈照片里的村庄大门口，设置了临时人员，村民戴着红袖章，戴着口罩，在执勤。

---

① 本节内容原载于“上观新闻”App，2020 年 2 月 10 日，原题为《疫情时间里的乡村社会：村民重新在地里寻找食物》。

村民们说，很久没有这样过了，似乎过了很多年之后，村庄，再次“主动”成为一个隔离的空间。他们的院子，依然敞亮，晒着玉米、辣椒和其他农作物，冬日的阳光，散落在院子里，他们在院子里，可以嬉戏欢笑。但是，广场舞、扭秧歌没有了。

外出打工的人不出去了，家庭都团圆了。

卫生院：村委会最好的一间房

2019 年 8 月中旬，天气最炎热的时候，每天 37～38 ℃的样子，笔者在南部的村里开展调研。村委会大院，其中一个两层楼是办公室，一层进门左转就是村里的爱心超市，右边是一个大的会议室，二层是村委会的办公室。在 38 ℃的高温下，村委会办公室没有空调，只有一个小电扇。村支书得知笔者要去村里看看，马上找出一个草帽来，这草帽，作者十分熟悉，就是小时候在村里干农活时戴过的，不同的是，这个草帽的帽檐比过去的要小一圈。

戴着草帽出去，阳光依然火辣。在村里走了一圈，才强烈感知到乡村阳光的热情。回到村委会开始座谈的时候，热得满头大汗。村支书是一位淳朴又老练的干部，曾外出打工经商，返回村里带着村民致富，很有干劲。

他神秘地说：“你知道我们村委会最好的地方是哪里吗?”看笔者茫然的表情，他说是“村里的卫生院，那儿有空调”。他拿着一串钥匙，开了村委会大院里一个带有防盗门的房间，笔者特意看了一眼，门口挂着村卫生院的牌子。这是一个套间，外面有检查床、办公桌，一些简单的医用物品，旁边有一个小库房，里面都是药品。另一个房间则是办公室，桌子上放着一台电脑，旁边是一张检查床。因为笔者去的时候是周末，卫生院的院长和工作人员没有上班。村支书说，卫生院每周一、三、五全天有人，其余两天则是到村民家里服务。卫生院的工作人员都住在县城里，不是村里的村民，是县城医院的医生轮流派驻到村里工作的。

当天调研的时候，村民反应，卫生院可以做一些简单的检查，但主要是提供服务性的信息，告知到哪里看病，如何办理手续等。

村民心态：生病不发愁

一位村民，在上海打工，罹患癌症，返回村里。作为贫困户，他享受了村里的各种医疗保障措施，治愈后在村里合作社和扶贫干部的帮助下，开始养鸡，慢慢地开了一个小养鸡场，村委会帮助他与城里的饭店联系好了，他可以安心地养鸡。说着这些情况的时候，这位村民带着笑容，表情很恬静。2020 年，他 35 岁，最大的梦想是结婚生子。村里的姑娘太少了，不好找。

村里的卫生员总是及时地帮他联系医院，定时提醒他购置药物。他说，作为贫困户，在脱贫攻坚中，生病不怕，村里的保障都很好。他们村脱贫了，他们依然可以享受待遇不变，生病不愁。

他的父亲和他一起居住，两个人因为是独立的两个户籍，便是两个贫困户。生活有保障，生病不发愁。他说：这样很好，比起外出务工的大城市，更安静、更平和。

疫情蔓延到村里的时候，这个村里的人依然很淡定，村子虽然距离县城不远，但是人与人之间的地理距离却很远，走在村子里，大家隔着十多米的距离，打着招呼。

俗语新编：宁可憋得冒汗，不给政府添乱

节日的习惯依旧。

疫情，却不会被忽视。一位村民说道："宁把自己灌醉，也不参加聚会。宁把自己喝倒，也不出去乱跑。宁把脑袋睡扁，也不出去惹祸。宁可憋得冒汗，不给政府添乱。"村民们每天戴着口罩，戴着红袖章，在微信群里发照片打卡，冬日里的寒风打在那些戴着帽子、围巾，穿着棉服的村干部身上。"疫情严重，禁止出入"，村庄，成为一道防线。村里的人们，依然在过农历的节日。

背着农药箱原本给庄稼杀虫的村民，现在走在村里，给淳朴的村庄小路消毒。他们的背影，在空旷无人的村庄街道上徘徊。

夜幕降临了，村庄里的人们休息了。

夜色里，村干部依然在大门口值班。他们呼出去的气，在幽暗的路灯下，显得分外明晰。

村庄的生活，原来，还是变了样子。

乡村时间：轮回与可逆性

埃文思·普理查德在《努尔人》一书中，认为努尔人的时间概念分为两种形式：一种是反映他们与环境之间的关系，可以称为生态时间，另一种则是反映他们在社会结构中彼此之间的关系，可以称为结构时间。这两种概念都表示事件的前后延续关系。生态时间是周期性的，而结构时间则是向前进行的①。对于村民而言，在春节里的时间，是一种轮回的时间，农民阶级的时间等级分为三种社会时间：长久持续和缓慢运动的持续性时间、转向其自身的迟滞性的时间以及轮回的时间②。轮回的时间，在列维·施特劳斯看来也是一种可逆的时间，可逆意味着轮回，也意味着可以新生，或者说重生。

进入工业社会乃至现代社会之后，“时间的商品化，以及它与进一步的空间商品化的过程之间的区别，是解答由资本主义出现而带来的日复一日的社会生活最深刻转变的关键”③。

改革开放之后，乡村逐渐被纳入了中国社会发展的格局中，习惯了传统农业时间的村民们，基本“抛弃了”生态时间，剩下的结构时间，也在外出务工的流动大潮、易地搬迁、拆迁等各种乡村社会地理空间的变动中，发生了变化。结构时间，不一定是向前的，也不一定是向后的。

疫情来临的时候，时间的形态，转瞬发生了变化。

---

① ［英］埃文思·普理查德著，褚建芳等译：《努尔人》，北京：商务印书馆，2017 年版，第 145 页。

② ［法］乔治·古尔奇维著，朱洪文等译：《社会时间的谱系》，北京：北京师范大学出版社，2010 年版，第 30-31 页。

③ ［英］安东尼·吉登斯著，郭忠华译：《社会学批判导论》，上海：上海译文出版社，2013 年版，第 85 页。

疫情突袭：现代与乡村时间融合

中国乡村的未来如何，自改革开放以来始终是一个被探讨的问题。从美丽乡村、精准扶贫到乡村振兴。乡村时间，早已被行政时间、媒介时间分割成不同的碎片。无论是在乡村短视频中，还是在乡村影视剧中，乡村，都成了现代时间里的一个符号。

疫情的突袭，使得乡村的生活，被分割为几个系列的时间：第一个时间是行政时间与媒介时间的融合。这一点在村干部身上凸显出来了。他们在值班、在上岗、在行走，税费改革后村干部的半公职化基本成为现实，他们的时间特征理所当然具有现代时间和乡村时间的融合特点。第二个时间是村民家庭时间的回归。他们不再是被分裂的家庭，留守与外出的，在这一刻，再度进入了大家庭的生活状态中，小农的时间，成为最安全的时间。第三个时间是乡村的卫生时间。随着乡村卫生院的普及，原来的赤脚医生渐次退出了历史舞台。村民们开始接受现代医学的知识，卫生院的工作人员成为他们与现代医学知识之间对接的最重要窗口。在疫情时间里，村民获得的医学知识，来自村干部从行政系统中获得的信息。

乡村的生活，是人类历史的开端，也是人类治愈疾病的开端。土生土长，意味着本土性、乡土性，也意味着生命在农业时间里的循环与轮回。疫情里的人们，早已忘记了城市还是乡村，也忘记了农业时间的特征。

当村民开始从土地里寻找食物，与乡土自然共享生活的时候，疫情，或许不再是疫情了。

乡村里的时间，或许应该是乡土时间，而不再是现代时间。而乡土社会里人们的社会关系，在这次疫情之后，会发生什么变化呢？

第八章　乡村文化与媒介再现

一、集体记忆与电视经验①

20世纪80年代初期的改革开放，在解开集体主义制度下对人的束缚的同时，也促成了个人的逐渐独立和对权利意识的初步认知。而这种独立行为和权利意识兴起的主要动力源自非集体化的过程和群众专政机制的终止，② 与个体农民独立进程相呼应的是农民以身体力行的行为模式开始进城了。他们获得了在社会主义集体化时代城乡对立格局中的各种称谓，最有代表性的称谓便是农民工。③ 从农民到农民工身份的转变，不仅是称谓上的，也意味着他们在城市生活中获取信息的方式发生了变化，他们所累积的电视经验在原有的集体记忆、城市体验和代际更替中逐渐更新，而这种更新又反过来对他们在乡村社会中的集体记忆形成了冲击。

本章关注的是农民工进城之后，在电视经验累积中，他们对电视在认知、态度和行为上的变化。通过观看分析，希望回答以下问题：农民工群体在电视消费中多大程度上继承了原有乡村社会中的集体记忆，又

---

① 本节内容原载于《新闻大学》，2015年第2期，第110-118页。

② 阎云翔著，陆洋等译：《中国社会的个体化》，上海：上海译文出版社，2012年版，第84页。

③ 马喆：《媒体报道与农民工在媒介中的地位——以〈人民日报〉1998—2010年的两会报道为例》，学位论文，北京：中国农业大学，2010年。

在多大程度上将这种集体记忆与城市生活的日常体验结合起来，并随着代际更替而从乡村社会的脱嵌状态中获取新的社会身份而进入城乡社会结构中的？

获取资料的方式有两种：一种是2009—2010年在北京海淀区对农民工电视接触行为的问卷调查。另一种是针对问卷调查结论选择典型个案进行的深度采访。

问卷调查法：针对电视与农民工之间的关系进行相关调查，问卷调查分为两次实施，第一次为2010年5—7月，发放问卷1 000份，以朝阳区餐饮服务业中的农民工为调查对象。调查对象的年龄18～25岁的占42%，26～35岁的占28%，36～45岁的占18%，其余为45岁以上和18岁以下的，分别占4%和8%；其中女性占58%，男性占42%。第二次调查时间为2011年5—7月，发放问卷500份，以海淀区餐饮服务业中的农民工为调查对象。调查对象的年龄18～25岁的占44%，26～35岁的占29%，36～45岁的占16%，18岁以下的为6%，46岁以上的为5%；男性比例为39%，女性比例为61%。两次问卷调查的内容有一些不同，第二次是根据第一次的分析结果，重新进行设计的。本章出现的调查数据，除特殊标注之外，均来自这两次调查的结果。

深度访谈法：根据问卷调查的结果，选择有典型性的个案进行小组式的访谈，每个访谈小组分为三人，记录、提问和观察相互配合，每次访谈时间为2～4小时，访谈地点在被访者的工作场所，获得了80个人次的深度访谈。

研究回顾

相关研究主要集中在以下几个方面：一是集体记忆和媒介呈现的研究；二是电视行为、家庭关系和流动人口研究；三是大众媒介对农民工社会关系的影响研究。

集体记忆和媒介呈现

Halbwachs 等指出记忆是一种社会群体的产物。① Schwartz 等将集体记忆定义为构成社会记忆力的一种隐喻，是个人对记忆或者获得一些过去熟悉的概念的信息丧失过程。② 大众媒介的发展，开始强有力地影响人们的日常生活，大众媒介的角色，尤其是电视的角色，在构建集体记忆方面的作用日益凸显出来，这一点在 20—21 世纪尤其明显。媒介呈现和集体记忆吸引了越来越多的学者的关注。新闻记者唤起过去的记忆主要采用四种基本理由："一是划定一个时间段；二是设定一个标准；三是规划一个类型；四是快速解释或者提供经验教训。"③ Zelizer 等指出新闻记者构建集体记忆的方式，保证了他们作为公共事件权威叙述者的角色。④ 这些学者的研究集中在新闻媒介和集体记忆的关系上。涉及历史事实和一些显著的事件时，研究者的视角集中在新闻记者的行为和媒介内容的构建上。媒介化的集体记忆得到了深入的解读和研究。⑤

---

① Halbwachs, Maurice (1950/1980) *The Collective Memory*. (Francis J. Ditter, Jr. & Vida Yazdi Ditter, Trans.) New York: Harper & Row.

② Schwartz, Barry (1991) 'Iconography and collective memory: Lincoln's image in the American mind', *Sociological Quarterly*, 32, 301-319.

③ Lang, K. & Lang, G. E. (1989). Collective memory and the news, *Communication* 11, p. 127.

④ Zelizer, Barbie (1992) Covering the Body: The Kennedy Assassination, the Media, and the Shaping of Collective Memory. Chicago, IL: University of Chicago Press.

⑤ Zelizer, Barbie (1992) Covering the Body: The Kennedy Assassination, the Media, and the Shaping of Collective Memory. Chicago, IL: University of Chicago Press; Zelizer, Barbie (1998) Remembering to Forget: Holocaust Memory through the Camera's Eye. Chicago, IL: University of Chicago Press; Smith, R. R. (1997) 'Mythic Elements in Television News', in D. Berkowitz (ed.) Social Meaning of News, Thousand Oaks, CA and London: Sage. pp. 325-332; Edy, Jill A. (2006) *Troubled Pasts: News and the Collective Memory of Social Unrest*. Philadelphia, PA: Temple University Press; Kitch, Carolyn (2005) *Pages from the Past: History and Memory in American Magazines*, Chapel Hill: University of North Carolina Press; Kitch, Carolyn and Hume, Janice (2008) *Journalism in a Culture of Grief*. New York and London: Routledge; Winfield, B. H. and J. Hume (2007) 'The Continuous Past: Historical Referents in Nineteenth-Century American Journalism', *Journalism & Communication Monographs* 9 (3): 119-174.

电视行为、家庭关系和流动人口研究

自20世纪50—60年代以来，随着电视的大众化，美国、德国、英国以及其他一些国家，集中关注电视的短期功能和长久影响力，相关的研究主要集中在培养理论、[①] 议程设置理论，[②] 第三人效果研究上。[③] 有些学者关注家庭与电视之间的关系，指出电视有两种社会用途结构和关系(structural and relational)，[④] 电视在家庭中形成了一个连续性和发展性的不同的循环，在这种循环中，传播和媒介习惯形成了家庭独有的特点。[⑤] 关于流动人口的研究主要集中在移民的媒体使用上，尤其是社会化媒体、手机等媒体在移民母国和移民国之间认同感的影响力和建构社会关系网

---

① Gerbner, George (1972) 'Communication and Social Environment', *Scientific American*, 227 (3); Gerbner, George, & Gross, Larry (1976) 'Living with television: The violence profile'. *Journal of Communication*, 26 (2), 173-199; Gerbner, George; Gross, Larry; Eleey, Michael F.; Jackson-Beeck, Marilyn; Jeffries-Fox, Suzanne & Signorielli, Nancy (1977) 'TV violence profile no. 8: The highlights', *Journal of Communication*, 27 (2); Gerbner, George, Gross, Larry, Jackson-Beeck, Marilyn, Jeffries-Fox, Suzanne, & Signorielli, Nancy (1978) 'Cultural indicators: Violence profile' no. 9'. *Journal of Communication*, 28; Gerbner, George; Gross, Larry; Morgan, Michael & Signorielli, Nancy (1980) "The 'mainstreaming' of America: Violence profile no. 11." *Journal of Communication*, 30 (3); Gerbner, George, Gross, Larry, Signorielli, Nancy, & Morgan, Michael (1980) 'Aging with television: Images on television drama and conceptions of social reality', *Journal of Communication*, 30 (1).

② McCombs, Maxwell E. (1972) 'Mass Communication in Political Campaigns: Information, Gratification and Persuasion', In: Kline, Gerald & Tichenor, Phillip J. (Eds.) Current Perspectives in Mass Communication Research. Beverly Hills, CA.: Sage; McCombs, Maxwell E. (1982) 'The Agenda-Setting Approach', In: Nimmo, D. & Sanders, K. (Eds.) Handbook of Political Communication. Beverly Hills, CA.: Sage; McCombs, Maxwell E. & Shaw, Donald Lewis (1972) 'The Agenda-Setting Function of Mass Media', Public Opinion Quarterly, 36 (Summer), p. 176-187.

③ Davison, W. P. (1983). The third-person effect in communication. The Public Opinion Quarterly; Peiser, Wolfram & Peter, Jochen (Winter 2000) 'Third-Person Perception of Television-Viewing Behavior', *Journal of Communication*.

④ Lull, James (1990) Inside Family Viewing: Ethnographic Research on Television Audiences. London: Routledge, p. 35.

⑤ Rogge, Jan-Uwe (1991) 'The Media in Everyday Family Life: Some Biographical and Typological Aspects', in E. Seiter, H. Borchers, G. Kreutzner and E. Warth. (eds.). *Remote Control: Television, Audiences and Cultural Power*. London: Routledge, p. 172.

络的作用。[①]

就国内而言，研究显示，在信息获取方面，2010年农民工使用电视、报纸与广播相对比较频繁，而对互联网与杂志则相对较少使用。[②] 同时，农民工在社会信息传播中处于弱势地位，媒介报道与农民工真实状况不符，媒介只能满足农民工娱乐消遣功能，没有专门针对其需求的节目。造成这种弱势传播地位的原因被解释为：媒介对自身经济利益的追求、媒介人文关怀的缺失和传播者对信息处理的偏差，群体经济条件和教育机会不平等，以及弱势群体社会信息资源的匮乏。2015年前后，媒介报道中农民工地位边缘化，话语权丧失，传媒歧视下农民工产生自卑心理，使得农民工的继续社会化、市民化举步维艰。[③] 同时，大众传媒有意在“污化”农民工，并通过一系列符号在固化农民工的身份。[④]

大众媒介对农民工社会关系的影响研究

大众媒介在横向上扩大了交往对象范围，纵向深化了交往的深度。交往方式也开始尝试从面对面的交往到网络上认识新朋友，但是这种相对时尚的生活方式提供的交往是表层的；大众媒介对农民工交往观念影响和改变相对有限和缓慢，通常是行动改变在前，交往的基础与信任度仍然主要以“血缘”和“地缘”要素为首[⑤]。农民工进城后的社会适应来自其“自我”的形成。农民工社会适应性问题是多角度的，农民工的社会适应性根本在于文化适应[⑥]。

---

① Gruyter，Donner，Jonathan（2008）‘Research Approaches to Mobile Use in the Developing World：A Review of the Literature’ *The Information Society*，24：140-159.

② 马意翀：《农民工舆情表达渠道分析——以北京地区农民工为例》，《东南传播》，2009年第4期，第67-70页。

③ 谢新：《大众传媒与城市农民工的继续社会化》，学位论文，重庆：重庆大学，2009年。

④ 张志樯：《传播社会学视角下的农民工社会适应性研究》，学位论文，重庆：重庆大学，2010年。

⑤ 耿秋丽：《大众传媒对农民工交往方式的影响——以对上海五区农民工调查为例》，学位论文，上海：华东师范大学，2008年。

⑥ 张志樯：《传播社会学视角下的农民工社会适应性研究》，学位论文，重庆：重庆大学，2010年。

基于本节关注的主题和试图回答的问题，研究思路如下，从改革开放以来农民进城之后的自我认知谈起，即从他们在乡村社会去集体化过程中的变化谈起，继而描述他们进入城市社会中之后，如何从“别管我”的认知到“我是谁”的自我身份认知的追问？这种身份认知的改变是如何在电视消费中实现的？而在这个过程中，集体记忆和代际更替的影响力如何？

从“别管我”到“我是谁?”

普通村民在改革之后独立意识的苏醒在话语表达上的体现是以“别管我”（leave me alone）[①] 为其政治和日常生活形态的特点，某种程度上也表现了从集体化中脱嵌出来的村民在获取制度化之外身份的一种主观努力。有了这种主观努力的独立意识，20 世纪 80 年代末期开始进城的第一批农民，不但以自身的独立意识突破政策的极限性，也开始在体制外寻求工作与生活的各种可能性。在这种种可能性的诉求过程中，陌生人的社会网络关系，不仅形成了他们早期对城市人的矛盾心态，也造成了城市人对他们的一种排斥心理。

2009 年对农民工的调查中发现，57.1%的被调查者选择赚钱是其外出打工的目的，列第二位的是寻找致富信息与方法，占 42%。而选择学习先进技术观念和开阔眼界的被调查者分别占 25.9%和 24.7%。[②] 农民工群体在城市生活的状态也发生了分化，根据是否会在城市定居生活的愿望，可以划分为三类：返乡性农民工群体、徘徊型农民工群体和融合型农民工群体[③]。根据对农民工城镇归属感以及相关概念的分析和理解，可以将进城农民工的城市归属感划分为相对独立的两个层面——地域意

① 阎云翔著，陆洋等译：《中国社会的个体化》，上海：上海译文出版社，2012 年版，第 80 页。

② 李红艳：《乡村传播与城乡一体化：北京市民与农民工传播关系之实证研究》，北京：社科文献出版社，2009 年版，第 87 页。

③ 刁松龄：《城市化进程中外来农民工群体信息需求分析》，《图书·情报·知识》，2007 年第 4 期，第 44-46 页。

义上的城市归属感和群体意义上的城市归属感，或曰对城市的地域归属感和对城市居民的群体归属感。[①] 前一层面主要是从经济和物质等客观条件角度来说，后一层面则侧重从社会和思想心理、文化观念层面而言。换言之，从"别管我"的独立状态到归属感的寻求，农民进城不仅经历着物质和心理层面对他们的冲击，而且也承受着集体制度下城乡二元结构所带来的现实后果。这种现实后果是以时间维度被积淀下来的，因为"我们的记忆，特别是最早的记忆，确实是属于'我们'的记忆：那些可能如同我们自己一样了解我们这些记忆的人，不是消失了，就是离开了。然而，由于我们的过去是由我们惯常了解的人占据着，所以，如果我们以这种方式逃离了今天的人类社会，也只不过是为了在别的人和别的人类环境中找到自我。从这个意义上讲，一个人只有通过将这个社会与另一个社会对立起来，才能逃离这一社会……"[②]。

在这样的心理状态下，农民工群体观看电视的行为也呈现出随机化特征趋势，同时由于工业时间的影响力，其观看电视的时间与选择发生了变化：

> 我在老家看电视和在北京看电视没有太大区别，唯一的不同就是在老家是躺着看，在北京是坐着看，北京没有老家舒服。如果说还有什么不同的话，那就是收看电视信号和频道的差别。2009 年过年我回山东老家走了一趟，感觉老家的电视质量很差，很多人家还没有装有线，电视画面质量很差，电视台又少。不像在北京电视台多，有得选择，而且画面清晰，看起来挺带劲的。
>
> 我来自河南，在北京开了小卖部，我算是在农民工中知识水平较高的人，虽然没考上大学，但自己脑子很灵活，健谈，

---

① 米庆成：《进城农民工的城市归属感问题探析》，《青年研究》，2004 年第 3 期，第 25-32 页。

② ［法］莫里斯·哈布瓦赫著，毕然、郭金华译：《论集体记忆》，上海：上海人民出版社，2003 年版，第 87 页。

虽然在同学中混得不是最好的，却是很有人缘儿的活跃分子。除了小摊位的电视机之外，家里还有三台电视机，每天电视的开机时间大概在12～16小时，早晨一开店就开电视，此后一直开着，即使是临时外出或者有客人上门依然不关，关店了才会关电视机。我在北京租住的房子条件有限，电视都没有使用机顶盒，能够收到的都是中央电视台、北京电视台的电视节目。关店回家，我会马上打开电视机看电视，因为家里电视机有好几个，不会存在跟家人争抢电视频道的问题，都是各看各自爱看的节目，比较自由。

尽管进城的农民工观看电视的行为比起在乡村社会中更多元化、更自由了，选择余地也更大了，但是他们“在看的时候也不知道该看什么”，除了娱乐节目、体育节目和影视剧之外，他们最为关注的是法制节目。他们对在电视里面看到过、在实际生活中也遇到的很多诈骗事件印象深刻：

做生意一手交钱一手交货，但是对方在点钱的时候当着你的面让你看着，觉得钱一分不少，但是递给你的时候却从中抽出去了一部分，到自己手里的时候钱就变少了。

如果当时自己就有防范意识，就不会上当了。还有一些人装成乞丐乞讨，装成和尚化缘，通过看法制类电视节目也学会了分辨，不再上当受骗了。

同时，在观看法制节目中老百姓不公平遭遇的内容时，他们的态度往往很激烈，“太可怕了，就是欺负老百姓！”

在他们看来，中央电视台《法制进行时》的节目内容是非常符合实际的，跟真实的故事几乎是一模一样的：

只要人没有贪心，就不会上当受骗。法制节目可以把身边的故事讲出来，避免上当或是让人长知识，但是关键还是看自己。

基于这样的电视观看经验，他们一方面通过电视试图理解当代社会现实；另一方面则希望在电视中找到自己在城市生活中的位置。对于城市生活和乡村生活的电视报道他们觉得都不太真实。例如，电视节目中对农村的报道，在他们眼里“很虚假”。电视里的城市生活则“显得比较豪华，很有气派，和自己的实际生活相差很远，不太真实”。他们觉得自己在城市里的生活很寻常，从来也没有发生什么比较不同寻常的事，不像电视剧里常常表现得那样多姿多彩。“实际的城市生活也并没有电视描述的那么美好，有很多现实问题。”电视中关于乡村的报道有“美化的倾向，很不真实”。

比如“报道两会和一些中央的政策，需要好长时间才能在我的家乡落实。减免农民工小学生的学杂费，可能在新闻报道后的两三年才能实现”。

媒体报道的“村村通路”政策很久了，“我们家有的地方路还是没通，很难走”。

在电视媒介所塑造的世界和城乡社会中感知的世界之间，他们开始质疑自己的社会身份。改革开放之前，“社会主义等级制度是建立在三组互为对立的关系基础之上的，这就是：干部与群众、城市与农村、阶级出身方面的红与黑。有趣的是，这三组互为对立的关系得到了官方（代表人物为地方政府和基层干部）和民间两边的自觉认可”①。来自乡村社会的农民工，由乡村社会管理体制的身份解放出来之后，“别管我”这种带有潜在反抗意识的话语形式浮现出来，进入城市之后，他们的“别管我”的意识受到了冲击。作为没有“合法”城市身份的流动群体，在城市社会中自我身份认知的问题开始凸显出来。“没人管我”的意识使得第一代农民工开始从电视信息获取中寻找答案。但媒介逻辑（media logic）

① 阎云翔著，陆洋等译：《中国社会的个体化》，上海：上海译文出版社，2012年版，第40页。

是他们所不能理解的世界。[①] 电视信息所呈现的城乡世界，与他们对改革开放之前的城乡社会的认知发生了冲突。

原本离开了原有的乡村社会关系网络的农民工，来到城市中寻找另一种生活的时候。是以电视经验成为他们获得新的认知的主要路径的。离开了集体体制的他们，从全方位被管到“别管我”的感觉还未完全被个体承受的时候，又来到了城市社会中，在对电视节目所呈现的城乡社会现实的感知中，有一种无所归属的感觉。在对来源地乡村社会和实际生活的城市社会的不同认知中，他们对自己的身份产生了疑问，潜在地开始追问“我是谁”。

在城市社会中，他们寻找着乡村社会的关系网络；在乡村社会的关系网络中，他们渴求着城市生活的各种潜在机会[②]。在没有完全做好准备的情况下，以自我组织的形式，闯进了这个陌生的世界。由于“中国人整个‘人’被组织的方式，就是让自己之‘身’由人伦与社群的‘心’去加以组织，而不是由自己去组织的，因此，就总会觉得能对自己加以肯定的力量是来自‘身’外——他就是别人、众人、集体、国家、民族等”[③]。他们这种自组织的形式或者是城中村，或者是其他形式，逐渐将地缘、血缘与业缘混杂在一起，建设着一种陌生世界中的新型关系网络。他们在这种新型关系网络中寻找着自己的位置。

代际更替与消费突围

20 世纪 90 年代中期中国媒介的市场化变革，不仅改变了中国社会大众文化发展的趋势，也成就了文化市场与消费者之间的直接对接。当消费品以文化产品的形式出现在电视上的时候，将电视当作政府声音的农

---

① Altheide D L and Snow R P (1979) *Media Logic*. Beverly Hills, CA: Sage; Altheide DL and Snow RP (1991) *Media Worlds in the Postjournalism Era*. New York: Aldine De Gruyter.

② 李红艳：《新生代农民工就业信息获取渠道中的断裂现象》，《青年研究》，2011 年第 2 期，第 15-12，94 页。

③ ［美］孙隆基：《中国文化的深层结构》，桂林：广西师范大学出版社，2005 年版，第 132-133 页。

民工群体，“几乎完全相信电视上所传播的各种信息”，包括电视购物信息、电视广告、短信参与以及参与到电视产品生产过程中的行动。从信任到参与，从被骗到不再轻易参与，电视所传播的信息产品在农民工的消费过程中，经历了被信任、主动参与到谨慎行动、开始质疑等几个阶段，在这个过程中，农民工群体不仅实现了代际更替，也在当代城乡社会转型中开始寻找自己的消费位置和社会身份。

第一代农民工（即20世纪80年代中后期到90年代进城的农民工）在城市中的生存状态，在大众媒介的报道中始终是被看作“土”的代表。电视新闻报道中的农民工形象一度存在严重的刻板印象，21世纪10年代以来“如何消除对农民工报道的媒介偏见和媒介歧视，如何去关注真实的农民工生活，寻找他们身上的闪光点，体现媒体人文关怀，一些电视传媒正在尝试做出积极的努力和有意义的探索”，“农民工形象在电视媒体中开始出现新的构建和诠释”。电视新闻报道“画面中呈现出的农民工形象往往是衣着不整，邋遢土气，生活状态贫苦，说话蒙昧无知。他们居住的工棚破败不堪，饮食非常粗陋。与之相关的新闻报道总是与破坏社会治安、遭遇意外灾祸、贫苦需要救助这样的事件联系在一起。农民工被塑造成城市底层的边缘人”① 虚假、欺骗、不真实是农民工群体对大众媒介关于自身群体相关信息的一致评价。第一代农民工由于生存境遇的现实，接触电视节目的时间并不多，低于他们在乡村社会中的电视接触时间。②

20世纪80年代出生的农民工，即第二代农民工，大多在20世纪90年代末期至21世纪初期进入城市，此时农民工群体在城市生活中的境遇

---

① 李蓉，张晓玥：《农民工形象在电视媒体中新的建构与诠释——从作为媒介现象的王宝强塑造谈起》，《电视研究》，2008年第9期，第48-50页。

② 李红艳：《乡村传播与城乡一体化：北京市民与农民工传播关系之实证研究》，北京：社科文献出版社，2009年版。

略有改善，而开始以城市暂住者的身份生活，[①] 并以这样的身份被管理着，当主要以农民工为主的外来人口被正式纳入城市基层管理组织中的时候，他们也初步被确立了在城市社会中合法的被管理者身份，尽管这种身份是以不转换户籍身份为基础的。因此，第二代农民工并没有太多的精神压力，随着整个城市社会市场化步伐的加快，他们可以选择的职业领域得到了延展，物流业、服务业、餐饮业、个体商户、市场销售、制造业类的工作成为他们的选择，这类工作的最大长处是时间自由。这样的工作时间使得他们有一定的选择可以进行一定的休闲活动，笔记本电脑成为他们看电视的主要选择。

第三代农民工（即20世纪90年代出生的农民工）已经不再熟悉传统农业劳作方式，对城市生活中的各种新的媒介技术手段十分熟悉，手机和电脑成为他们观看电视节目的主要选择。

就消费者而言，第一代农民工的言谈举止与农民无异，他们带着身上的泥巴来到了城市中，身体的姿态与服装之间充满了契合度，但这种契合度与城市生活的格调相距甚远。他们的着装或者是破旧的蓝色、灰色的对襟衣服，又或者是各种廉价的西装，他们站立在城市的某些角落，往往引起人们的驻足。而第二代农民工则逐渐经历了蜕变，20世纪80年代中期的西装不再是一种时尚，休闲自由的服装逐渐在服装世界中流行，各种小品牌服饰开始在市场上恣意张扬，这种服装的改变趋势也预示着另一种生活态度的展现。第二代农民工正好是随着这个潮流进入城市工作的，各种休闲服饰将他们与城市人之间的差异在外形上降到了最低点。他们共同在电视的广告中学习着如何展现自己的个性，如何选择适合个人特性的产品。但是他们仍然抱着对电视信息不信任的态度。

电视广告，一男一女，口才是好，小嘴叭叭的，太能说了，

① 暂住证源自20世纪80年代的深圳，到目前为止仍是很多城市管理外来人口的一种主要方法。

太吵了，也太虚假了，那东西没一个好东西，全骗人的。我们真是没文化，社会最底层的人，就我们好骗，电视上说什么，我们就信了，我们觉得那是电视啊，那是媒体啊，那代表着官方啊，我们信。可是，我们都被骗了。

因为觉得方便，工作一天以后，一般就是上上网，看看网络电视，可以把广告跳过去，看的内容也多。我觉得我现在能收看到的电视节目里，真正好看的、内容实在的挺少的。广告特别多。我还觉得现在有些电视节目挺低俗的，虽然我有时看看也觉得挺好玩儿的，但是看过之后想想看，其实这些节目没啥大意思。

第二代农民工进城的时候，广告在中国媒介市场开始兴起。对他们这一群体而言，电视广告主要有几种形式：单纯广告、电视购物、短信或者电话有奖竞猜。就单纯的电视广告来说，与美容、健身相关的系列产品广告，他们在观看的时候起初都是抱着信任的态度，但买了相关产品之后往往发现其效果与电视广告中所传播的效果大部分不一致，“可信度只有30%”，尤其是化妆品，无法达到电视广告所宣传的效果，所以“这些信息都是假的”。其他的广告，如电视上兜售的项链、K金等产品，可以治愈癌症的保健品、药品等，在他们眼里也都是“假”的，他们不解的是，连他们都知道是虚假的、骗人的，电视台还不停地播放，到底为什么呢？

因此，对电视购物类的广告，他们中关注者不太多，觉得“如果买东西的话，还是自己亲自去实地看实物的好”。因此电视购物中的某些产品，他们只有在超市中看到样品了，使用过了才会购买。他们认为，电视购物中的产品，只是说其中有用的部分，信息不全面，也不客观：

我看电视广告给儿子买了“好记星”，但是觉得对儿子的学习的帮助并不是很大，相反，里面的游戏还让孩子沉迷。既然是学习机，为什么还要设置游戏呢，我们家长是不希望这样的，可是厂商就是这样设计的。在网站上买的话，可以看别人写的评论，不容易上当受骗。

我来北京已经五年了，来北京的第二年，看到电视上在卖一款手表，于是花了1 000多元买回来，买回来之后发现完全和电视上广告宣传的不一样，才发觉自己上当受骗了，主要是自己当时太实诚了，换作现在肯定不可能去买。现在经验要比原来丰富很多。

第三代农民工进城时间较短，他们对于城市生活的认知是与新媒体技术的普及同步的。与第二代农民工在媒介消费上差异不大。例如对电视购物的态度，尽管购买的产品不太一样，但购买之后他们的反应和态度几乎是一致的，都认为电视购物的信息不全面，不说无用的信息，只说有用的信息，都是“骗人的信息，虚假的信息”。

此外，还有一些赶潮流的农民工（第二代和第三代都有）喜欢电视购物上推荐的东西，并不是因为这些东西质量好或者价格实惠，而仅仅因为这是一种潮流，显得很有时尚感。换言之，时尚感与潮流感赋予了他们选择电视购物的动机，这种选择与产品本身并无关系，而成为广告文化的一个很重要的衍生品了。

他们很热衷于参与电视上的各种“打电话猜谜赢奖金”的活动，觉得答案很简单，奖金又累积得较高，但在实际操作中，他们往往发现：“电话一直没打通，话费却扣了不少。”他们向调查者咨询这一类节目的真实性，询问“如果是假的话，为什么电视上这样的节目好多个呢?”如12580“猜字谜”等电视有奖问答。“接通了就一直等待，也抢不上。答上的都是内部的人，‘逗’走了多少电话费！（意为骗走了多少电话费!）”

从以上分析可以看出，这些电视广告，尽管他们都表示可信度很低，但又几乎都参与过，有的人还上了好几次当，一面是愤愤不平地表示自己不满的情绪，另一面却又会参与一下，这种双重矛盾的心理与他们对电视这一媒介的定位有不可分割的关联性。他们认为电视是公信力最强的媒介，代表了政府的声音，电视上宣传的东西怎么会是假的呢？这里的假，有三个层面的含义：第一，他们认可了电视作为政府代言人的地位，因此毫无保留地选择了信任电视，以及电视上所传播的各种信息；第二，他们无法理解大众媒介产品的基本特点，在媒介所营造的拟态环境与客观现实之间，他们认为是可以画等号的，因此媒介产品的信息他们认为也应该等同于现实世界中的产品信息；第三，他们区分真与假的标准依据的是乡村社会的价值体系和思维模式。而文化工业的产品，在原有的乡村社会系统中是缺席的状态。

由于“工业社会的力量留在了人类的心灵中。娱乐制造商知道，即使消费者心烦意乱，仍然会消费他们的产品，因为每一个产品都是巨大的经济机器的模型，这些经济机器无论是在工作的时候，还是在闲置的时候，都会像作品那样，为大众提供有力的支持”①。因此，即使是经历着被欺骗的经历，即使是经历了质疑的过程，他们对电视广告有一种根深蒂固的信念。这种信念与他们始终将电视当作政府信息传播渠道的社会功能有关。在他们看来，电视既然是政府所有、政府管理的，常常会传播国家的方针政策，还会帮助一些遇到困难的人，有时候还会揭露一些社会的黑暗面，为什么还要弄这些虚假的信息欺骗大众呢？这种疑问背后隐含的是一种困惑的心态，文化工业产品的特性，在他们浸淫其中的乡村文化系统中，几乎是绝缘的。因为在乡村社会中，欺骗或者虚假的信息在乡村文化的体验中是有特殊含义的，是与乡村社会的诚信系统相对应的，费孝通先生曾指出：“乡土社会是靠经验的，他们不必计划，因为时间过程中，自然替他们选择出一个足以依赖的传统的生活方案，个人依着欲望去活动就得了。”②

---

① ［德］马克斯·霍克海默，西奥多·阿道尔诺著，渠敬东，曹卫东译：《启蒙辩证法》，上海：上海世纪出版集团，2006年版，第114页。

② 费孝通：《乡土中国　生育制度》，北京：北京大学出版社，1998年版，第86页。

带着这种自然的欲望经验来到城市中生活的他们，并没有因为空间上位置的改变而随之改变了原来的判断事物的标准，在他们的集体记忆中，并没有对广告的体验和经验，因此只能依靠体验，体验之后的挫败感使得他们把这种行为简单定义为“欺骗行为”。但是也正是在这样的电视消费“经验”积累中，他们开始识别各种消费陷阱，开始理解工业社会、现代社会的媒介逻辑和营销策略，开始以自身的价值观冲击广告文化设定的消费观念，消费突围也在这一过程中日渐呈现出来，同时这也意味着乡土文化与城市文化之间的差异性开始在文化层面凸显。显然，“文化工业对消费者的影响是通过娱乐确立起来的；……商业就是他们的意识形态。毫无疑问，文化工业的权力是建立在认同被制造出来的需求的基础上，而不是简单地建立在对立的基础上……不要指望观众能独立思考，产品规定了每一个反应，这种规定并不是通过自然结构，而是通过符号做出的，因为人们一旦进行了反思，这种结构就会瓦解掉。文化工业真是煞费苦心，它将所有需要思考的逻辑联系都割断了”①。

消费突围对他们来说，不仅是消费习惯的突围、消费意识的突围，更是精神上的消费突围，也是突破他们原有的集体经验与新的代际更替的双重突围。由于“在我们的社会里，农民的生活方式有别于其他所有人群的生活方式，在农民的生活中，劳作是在家庭框架内进行的。农场、马厩以及谷仓，始终是家庭关注的焦点。甚至当人们并没有在其间劳作时也是这样。因此，在农民的共同思想中，家庭和土地也就非常自然地彼此地紧密联系在一起了。而且，因为农民的生活是禁锢在土地之中的，所以，一块有限的土地和村庄的形象，连同村庄的所有特别之处、地界、房子的相对位置以及阡陌纵横的各块土地，很早就铭刻在村庄成员的头脑里了”②。因此，当农民离开了土地，到城市中生活的时候，他们的共

① ［德］马克斯·霍克海默，西奥多·阿道尔诺著，渠敬东，曹卫东译：《启蒙辩证法》，上海：上海世纪出版集团，2006 年版，第 123-124 页。

② ［法］莫里斯·哈布瓦赫著，毕然，郭金华译：《论集体记忆》，上海：上海人民出版社，2003 年版，第 113-114 页。

同思想依然是与家庭、土地关联在一起的，尽管他们的消费行为与态度可以通过模仿、通过学习实现一种消费世界的突围，但在城乡流动的过程中，他们的共同思想意识却无法在很短的时间消解，最终积淀为他们在城市生活的集体记忆，唯有这种集体记忆实现了代际更替，农民的共同思想在进城打工的农民群体身上才会发现转变。

思考与讨论

城乡流动过程是一种不断融合与调配的过程，在电视消费世界中农民工群体在不断地改变着自己的生活方式和人际交往模式，试图通过寻求乡村集体经验和集体记忆与电视世界之间的对接，找到对个体重新认知的（“我是谁”）的自我意识与城市生活经验之间的对接。在这种对接中，他们选择了没有边界的“别管我”的心态却又渴望“被人管”的期许，因此，常常陷入“我是谁”的现实困惑和矛盾心态中，他们的集体记忆与正在非集体化的城市社会的逻辑之间出现了碰撞，他们自身的群体也开始了内部分化与代际更替。同时，通过电视广告、电视购物等媒介信息，在消费突围中他们开始修正乡土社会中的集体记忆，建构在城乡社会关系中的集体经验，重塑集体记忆，从而在实现代际更替的同时实现个人在城市社会的选择，找到“我是谁”的立足点。

“消费大众”是没有的①，只有被创造出来的大众消费。农民工在电视经验中所累积起来的感知，是通过消费突围的方式来完成另一种对城市社会的认知的途径，这种途径或许是一种很好的转折契机。当他们开始从个体消费的视角进行选择的时候，是否意味着一种中国农民工个体化的潜在可能性呢？这种可能性并非阎云翔所说“没有个人主义的个体化：无公德的个人”，而是个人主义的一种新的延展？或者是安德森所说的媒介在这一群体身份认知上所建构的想象的共同体的作用？又或者是乡村原有社会意识在城市社会中的另一种保存形式，这种保存形式是

① ［法］让·鲍德里亚著，刘成富，全志钢译：《消费社会》，南京：南京大学出版社，2008年版，第43页。

以消费突围的形式出现的，并以新的集体记忆的积淀为前提的。这种通过媒体消费而建构的个人身份认知在未来的发展如何，还需要结合新媒介技术的发展和使用所带来的社会信息传播角色的改变进行深入探究。

二、“新”乡村文化的话语表述

新立场、新位置与新角色：媒介中的文化再现[①]

改革开放以来，随着城乡社会之间的流动、乡村社会发生了全方位的变化。而这种变化在媒介中的呈现，则是导致其信息来源更多的基于新媒体时代信息的整合、民众的信息生产与传播的参与。近几年流行的返乡体，一度成为社会变迁中人们理解乡村的信息窗口，但这种信息窗口在一定程度上带有个人化、碎片化和随机化的色彩。比如学者通过对《新京报》2011—2017年间的记者返乡笔记的研究指出，乡村变迁是主导性的叙事话语，新闻采用小人物大命运的视角，把个体的乡土记忆和乡土经验，放置到城镇化浪潮中的乡村社会现实语境中，创造出一个特有的乡土叙事空间。[②] 而新媒体中民众所参与的乡村报道，则隐含了一种新的知识生产方式的产生[③]，这些报道从不同层面为民众展示了乡村的诸多变迁现实。基于“三农”报道话语的特征，主流媒体“三农”宣传报道，应该与政府构成“代理-委托型”关系，与农民构成“信息-供需型”关系，与新兴媒体构成“竞争-合作型”关系[④]。

① 本小节内容原载于《青年记者》，2018年第34期，第14-16页。

② 胡元姣，袁夏岚：《“返乡体”镜像中的乡村叙事策略——以〈新京报〉（2011—2017）61篇记者还乡笔记为例》，《新媒体研究》，2017年第14期，第9-11页。

③ 杨胜刚：《“返乡体”底层视角下的农村叙述》，《武汉大学学报（人文科学版）》，2016年第4期，第9-12页。

④ 梁媛，王娜：《主流媒体“三农”报道话题式传播的理念创新》，《编辑之友》，2016年第6期，第43-47页。

就国家话语层面而言，乡村振兴战略的实施强调的是在宏观层面对乡村社会变迁历史、当下与未来的掌控，因此，对媒体而言，仅仅将乡村作为一种叙事空间或者将乡村报道看作一种新的知识生产方式的形式都显得过于抒情化，便带着一种精英文化主义的信息意识。同时，从信息视角将传统媒体与新媒体看作“竞争-合作型”关系过于僵化了，与城乡信息传播的生态系统并不完全吻合。

就社会变迁而言，20 世纪 90 年代以来，中国社会正处于转型期，而社会现象的实践逻辑，往往是在事件性的过程中才能更充分地展示出来，因此应该更加重视的是事件性的过程。[①] 在乡村振兴视角下的“三农”报道，在报道取向上应该将国家话语层面与社会变迁视角结合起来，侧重事件发生的动态过程的叙述，并在乡村振兴话语体系中建构媒体对“三农”报道的新立场、新位置和新角色。这种新立场、新位置与新角色的立足点在何处呢？

换言之，基于“三农”报道的视角和关注事件性发生的动态过程的立场，媒体在“三农”报道中应该如何着手呢？笔者认为，应该从理解变迁中的农民入手。原因在于：在改革开放 40 多年中，城乡社会都发生了巨大的变化，乡村社会的变化尤为突出，这种以个体的形式呈现在农民群体身上。因此，从理解农民变迁的视角出发，在“三农”问题报道上，是媒体在操作层面的一种现实选择。这种现实选择的实现，需要有三条路径相互配合。

第一条路径：通过对当代乡村社会中农民现状的理解来建立“三农”报道的新立场。

改革开放 40 多年来，中国农民从职业、心理、价值、经济等角度都发生了分化和改变，无论从群体内部还是农民群体与其他群体之间的关系视角，相关研究都证实了这一观点。最新的研究将农民按照职业分为多个阶层：无业者是没有职业的人，纯务农者就是指全部时间用于从事

① 孙立平：《社会转型：发展社会学的新议题》，《社会学研究》，2005 年第 3 期，第 60 页。

农业活动的人，上述两个阶层是农民中的下层。兼业者专指农业与非农兼顾的那些农民，打工者就是指被他人雇佣从事有偿劳动的那些人，农村个体户则指自己当老板，从事这三种职业的为农民中的中层。农村企业主（指雇工8人以上的投资经营者）和农村干部（主要指乡镇和村干部以及居住在村庄里的其他农村干部）则是农民中的上层。[①] 此外，随着乡村工业化、城市化和市场化的进城，除了上述的农民之外，还有不少农民尽管在户籍上还是农民，但是已经和农业生活没有关系了，这一部分的农民并没有包括在上述分类之中。还需要说明的是，农民的分化除了在职业上的区别之外，在价值观念上农民群体也出现了多元化的分割趋势，一种是进城务工的农民，或者称为农民工，他们在户籍身份上依然是农民群体，但是观念与在村里的农民已有很大差异，研究指出近60%的农民工从事雇员类工作；自我雇佣类农民工占比为25.06%；男性农民工处于较高层级工作岗位的概率更大；受教育水平能够显著提升农民工进入高层级工作岗位的概率，是农民工职业层晋级的重要决定因素；农民工的年龄与其职业层之间呈“倒U形”关系。[②] 另一种是通过乡村治理中出现的一些新的社会身份，比如农业技术员等，他们在接受外来信息方面的机会较普通农民多，在获得政府的相关资助方面也比普通农民要多，但是他们并不属于上述学者所划分的村干部系列。除此之外，从中国地理区划、经济发展状态而言，不同地区的农民群体也呈现出较大的差异。概括来说，农民的整体分层呈现出金字塔形式，纯粹务农的农民，也就是传统农民和失业无业者人数最多，处于乡村社会的最底层，而村干部和乡村企业主比例虽小，但是处在乡村社会的最高层，中间层

---

① 王春光，赵玉峰，王玉琪：《当代中国农民社会分层的新动向》，《社会学研究》，2018年第1期，第63-88页。

② 欧阳博强，张广胜：《农民工就业分化及其影响因素》，《华南农业大学学报（社会科学版）》，2018年第3期，第48-61页。

是个体户、打工者和兼业者。[1]

笔者在北京郊区进行农民观念培训时调研发现，北京郊区的农民与其他地方的农民相比较，观念、职业和社会地位上也有较大的差异，但总体来看，仅就观念而言，外出打工者，或者进城务工者，其整体观念与社会变迁的观念趋势是一致的，而一直坚守在农村的农民，即便其经济地位有所提升，在观念上往往滞后于其经济地位的快速变化。这一点，在经济地位发生突然变化的农民群体身上较为突出。乡村工业化带来经济利益的同时，并没有在观念或者价值体系上进行同步的更新，这种情形使得乡村社会中农民群体的总体状况变得更为复杂。

基于上述情况，对于媒体而言，从理解农民的变迁趋势、变动状况和动态特征出发进行“三农”报道，是一个比较实际的选择，而这种选择与媒体记者对中国社会变迁趋势的理解不可分割。媒体记者在阅读各种关于农民情况调查报告的基础上，“三农”专家的观点、一线资料的调研也不可缺少。

第二条路径：在对当代中国农民现状多元化理解的基础上，媒体应立足于中国本土，摒弃简单的二分法，即传统与现代、中心与边缘、乡村与城市、精英与大众等视角，从本土化的中国社会变迁出发，从过程性和变动性的视角对“三农”问题进行报道，这也是媒体报道“三农”问题的新位置。

从学术传统和实践场域来看，传统与现代、中心与边缘二分法的思路，来自20世纪50—60年代，由此延伸出来的类似划分有乡村与城市、精英与大众、融合与衍射、大传统与小传统等。有的学者还增加了中间状态，如过渡阶段和棱柱形阶段。20世纪70年代，亚历克斯·英格尔斯和大卫·史密斯出版了《从传统人到现代人》一书，在书中他们通过对6个国家6 000多人次的采访，对数据进行分析之后指出，个体变化的唯一

① 王春光，赵玉峰，王玉琪：《当代中国农民社会分层的新动向》，《社会学研究》，2018年第1期，第63-88页。

方向是从传统到现代，但是这本书中个体变化的模型无法与中国当下乡村社会对农民的研究特征相吻合。而且，二分法本身是一种不受时间和空间限制的分析工具，米格代尔认为，学者们指出二分法本身是为了呈现出一种发展的阵地图景：即在当代社会中，发展的阵地在社会的现代部门或中心（或者是精英、大传统、城市化地区）——也是变迁的方向——而社会的“落后”部分则存在于传统部门或边缘（或大众、小传统、农村地区）。[①] 这种简单的二分法，忽视了社会变迁的动态现实，形成了一种对“三农”报道的预设前提，在这种预设的报道位置中，将中国城乡社会报道的“媒介现实”滞后于活生生的城乡社会变动的现实。因此，对于乡村振兴视角下从事“三农”报道的媒体而言，如果依照传统与现代、乡村与城市的二分法简单对待，往往会滞后于农民群体的变化，也会基于因循守旧，呈现出对乡村社会固化、概念化、抽象化、浪漫化的报道形态来。

研究指出，解决“三农”问题的核心在于提升农民的对话和谈判地位，农民群体尽管有分层，有分化，但是在与外部世界对接中，缺乏对话计划和谈判地位，群体分散，缺乏自组织性。因此，建议组织农民不能依靠外部强制，也不能依靠传统家族组织等本土资源，更应该依靠市场导向和利益纽带的农民自组织。[②] 因此，有学者指出推进城乡发展一体化的核心是消灭传统农业生产和小农经济。[③] 但同时有学者反驳道，农民商品化、农业资本化与以家庭劳动力为主的小农经济之间并不必然排斥[④]。显然，学者在对于中国乡村该走向何方，以及农民的转型方向是什

---

① ［美］乔尔·S. 米格代尔著，郭一聪等译：《社会中的国家》，南京：江苏人民出版社，2013 年版，第 201 页。

② 徐勇：《农民与现代化（笔谈）——阶梯性社会与“三农”的提升》，《华中师范大学学报（人文社会科学版）》，2004 年第 6 期，第 30-32 页。

③ 张涛，赵磊：《城乡发展一体化：解决“三农”问题的根本路径》，《农村经济》，2017 年第 10 期，第 24-29 页。

④ 贺雪峰，印子：《“小农经济”与农业现代化的路径选择——兼评农业现代化激进主义》，《政治经济学评论》，2015 年第 2 期，第 45-65 页。

么的问题上观点并不一致，即“三农”问题如何解决在理论探讨上依然存在一些差异。同时，媒体记者与民众在对当代中国农村的观察中，个体的直接经验和分散化、碎片化的信息在网络平台上呈现得较为突出，这些信息一定程度上影响着社会大众对中国当下乡村社会中农民的认知。这些个体的直接经验和碎片化信息的生产者和传播者，往往都是在社会中处于信息等级较高的群体，那些信息等级中的弱势群体的农民对自身的状况在网络中并没有呈现出来。

基于上述状况，对于中国媒体而言，乡村振兴中新位置的建立，不仅需要摒弃原有的传统与现代、乡村与城市二分法的简化立场，还要从宏观上对中国“三农”政策变迁、乡村治理的发展有大致的理解，这样才有可能报道“真”现象，反思“真”问题。

由此过渡到笔者所要说的第三条路径上，即乡村振兴视角下“三农”报道的新角色上。从上述两条路径可以看出，对于媒体而言，不仅要理解中国农民的变动趋势，要理解解决中国“三农”问题的主要理论与政策，如果要把上述两条路径落实下来，便是从媒介入手的路径，即媒介应该对“三农”记者进行专业培训，并且设立相应的报道“三农”问题的专业岗位。

“三农”记者在改革开放初期是一个“专业领域”，而随着媒介产业化和市场化的深入，“三农”领域一度成为一个“被摒弃”的领域，记者在乡村的一线调查也变得比较困乏，即便有一线调查，也呈现出零碎化和非系统化的特征。笔者调查发现，老一代的“三农”记者（50～60 岁）对乡村的印象更多来自个体经验和成长经历，他们大多出身于农村或者曾经在农村下放或者工作，对农村有深厚的成长情结，拥有个性化的乡村记忆。一位从事“三农”科技报道 30 多年的记者认为，他对“三农”报道很有发言权，“像我这样从事‘三农’报道 30 年的记者几乎没有了”。另一位则说“我来自农村，我从参加工作就从事农村报道，原来是报道农业政策、农民生活状况为主，现在是报道乡镇企业、县镇一级的政府工作为主。农民已经退为其次了”。换言之，“三农”报道的专业记者大多都已经转向其他方面的报道，而还在从事相关报道的，已经将关注点集中在科技、企业等领域，农民已经不再是“三农”报道的主角了。青年一代记者中已经鲜有专门的“三农”记者这一身份了。媒体记者中报道“三农”问题的记者，通常对底层农民保有深切的同情之心，但是在实际的新闻报道中，一般会从社会新闻的角度而不是从“三农”报道的视角出发，这就导致了一个问题，“三农”报道本身在新闻报道中被再度边缘化。这种情形实际上造成了“三农”问题报道的双重边缘化，即记者报道身份的边缘化和报道内容的边缘化趋势。

研究表明，中国新闻从业者男女比例基本持平，平均年龄 32 岁，平均工作年限为 8.4 年。[①] 媒介消息来源总体上呈现偏向情形：在职业上，政府官员、专家学者、社会精英以积极而主动的状态被呈现在新闻报道中，成为消息来源中的强势者；一般民众作为消息来源的概率极少，而且往往角色单一、模糊与被动。[②] 在新媒体环境下，随着新闻行业面临的挑战，“三农”报道领域也面临着类似的挑战。“三农”报道在新闻报道领域的被泛化现象、新闻记者在信息来源上精英化趋势、社会化媒体对新闻记者信息来源的影响以及新闻记者本身的一些变化，如学历和年龄等，使得上述“三农”报道双重边缘化的趋势，变得更为复杂。问题的核心转变为“三农”报道本身诉求的转型问题了。

在一定意义上，“三农”报道在转型问题与媒体自身面临的新媒体时代的挑战几乎是同步的。一方面，“三农”问题在不断转化、多元化和复杂化，农民在分化、乡村在变迁、农业在转型；另一方面，媒体面临着社会大众参与信息生产与传播趋势的变迁、面临着人工智能时代技术整合信息功能的挑战。那么，在这种复杂的境遇下，媒体如何寻找自己的

---

① 张志安，张京京，林功成：《新媒体环境下中国新闻从业者调查》，《当代传播》，2014年第 3 期，第 4-8 页。

② 王芳：《当前我国大众化报纸消息来源偏向研究》，学位论文，武汉：武汉大学，2007年。

新角色呢？首先，要对从事“三农”报道的记者进行专业培训；其次，从事“三农”报道的记者要深入乡村获取第一手资料，而不是仅仅依靠网络上的信息来源。

综上所述，对当代中国社会而言，改革开放初期的价值导向已经悄然发生了变化，从老一代到新一代农民，无论是在乡村还是在城市，以自由的方式寻找自己理想中的工作成为一种必然的选择。因此，在乡村振兴战略中，一方面，依靠国家话语层面对农民进行个体发展的政策支持成为必要的基础；另一方面，依靠基层政府的鼓励与帮扶，让农民可以在乡村社会中重新找回“家”的感觉，这种“家”的感觉便是乡村的感觉，也是乡村振兴的核心因素。作为“三农”报道的媒体，理应在全方位理解乡村振兴话语的前提下，理解当下农民的多元化分层、多元化困境和多元化希冀，结合“三农”发展的诸多理论与政策导向，并针对当下中国社会变迁的现实，方能在媒介信息传播日益多元化的状况中，找到一席之地，也才能实现乡村振兴视角下“三农”报道的新立场、新位置和新角色的转换。

媒介信息：“新”乡村文化的话语表述①

当作为技术的媒介改变了当代社会信息传播模式的时候，组织与组织之间，组织与群体之间，组织及群体与个体之间的信息关系也呈现出多元化的格局。与此同时，媒介的内涵与外延也遭遇了很大的挑战。作为组织的大众媒介，如何在社会化媒体的个体参与属性中、在媒介个体化的时空中，重新定位大众媒介的主导话语，是全球化中媒介转型面临的一个新课题或新挑战。

如何将大众媒介的传播转型与一个国家的战略发展和规划结合起来，自20世纪中叶以来，也是政府、企业和大众媒介研究者和从业者所关注的问题。从发展学视角而言，大众媒介在20世纪50—70年代以及20世

---

① 本小节部分内容原载于《中国记者》，2016年第4期，第75-76页。

纪70年代至今与国家和社会发展之间的关系发生了两种视角的转型。在50—70年代，以自上而下的主导传播模式为主，代表性著作有勒纳的《传统社会的消逝——中东的现代化》，施拉姆的《大众传播媒介与国家发展——信息对发展中国家的作用》，罗杰斯的《创新的扩散》与《大众传播与国家发展》等，其主要视角均将传播作为国家和社会变革的基本因素。20世纪70年代以来，随着发展中国家对发达国家中心模式的反思与批判，社会各界对大众媒介功能的冷静思考，以及冷战思维模式的逐渐消解，各国政府和社会各界发展经济的思维模式发生了转变，而对于大众媒介而言，最为关键的变化则体现在：以参与式为核心的信息传播模式逐渐成为国家发展中的主要信息传播模式之一。

随着信息技术的更新与扩散，它所带来的变化之一是对社会关系进行了再生产，这种社会关系的再生产本身又再度消费了人与人之间的新旧社会关系。组织与组织之间的关系，个体与组织之间的关系，组织内外的关系也是如此。信息所生产和消费的新的社会关系，对于以匿名大众为受众的大众媒介而言，在努力尝试参与式信息传播模式的过程中，自然遭遇了技术带来的史无前例的挑战。这种挑战，已不能仅仅以“参与式”这种简单的表述来应对了。

对当代中国社会而言，大众媒介所要应对的局面则更为复杂一些，除了上述技术与发展观念的因素之外，还有几种动态的因素在影响着这个过程，诸如大众媒介自身的市场化与行政化双重角色的内在冲突、媒介从业人员的职业和专业素养问题、大众媒介体制的一些特征、网络媒介和移动传播终端的信息传播模式的冲击以及社会剧烈变迁所形成的新的社会关系等。在这种局面下，大众传媒如何在传播特定的议题时赢得较为显著的影响力呢？就单一的传播议题而言，扶贫可以说是一个历久弥新的话题，不仅是一个历史话题，也是一个世界话题，在中国国家和社会发展层面上，如何通过大众媒介获得更好的助力呢？笔者认为，最主要的着力点是大众媒介应该重建扶贫报道的新话语。这种新的话语模式，可以从以下几个角度重建：

首先，以共享发展为基本理念，在精准扶贫与媒介报道的精准性之间建立一种有效的表达关系。

作为一种新的扶贫话语模式，“精准扶贫”对扶贫的内涵和外延做了明确规定。关键在于媒介报道如何在精准上做文章，将媒介报道的精准性与精准扶贫的话语“对照”起来。这里的“对照”并非照搬，媒介的属性决定了在对某一问题的报道上寻找“热点”的必然性。但是如何保持“热点”的持续性，需要媒介对“热点”进行一定的“经营”或者“营销”。换言之，精准扶贫背后的共享发展理念是重建新的媒介扶贫报道话题的起点。共享发展这一理念因此也是精准扶贫与媒介报道的精准性之建立有效表达关系的国家与社会背景。在这种背景中，媒介报道的“热点”可以拓展到政治经济文化及社会变迁与流动等议题报道上。其中也应该有对城乡地理空间差异上的政治和文化表达、对城乡社会之间以扶贫为中介而展开的多元化问题的讨论，更应该集中在共享意义上的多元层面的讨论，从而在多层次的媒介报道中，将精准的扶贫政策落脚到广泛的社会背景中，在重建新的扶贫话语报道模式的同时，对政策本身的传播力度也大大拓宽。

从发展传播学角度来说，共享发展是一种行动视角下的参与式发展理念，通过媒介渗透、使用，信息技术扩散来促进国家与社会的现代化、促进人的现代化。精准扶贫则是将这种参与式的理念投射到国家运作的具体战略上，通过规划与行动的模式实现共享意义下的多赢。媒介不仅成为报道精准扶贫的平台，也是参与共同构建精准扶贫话语的平台。

其次，发现和重构大众媒介与扶贫政策发布之间的时间关系。

作为话语本身的扶贫概念，无论在政治社会层面还是在经济文化层面，都蕴含着多元化的意义，这些多元化的含义，已经被一些大众媒介在过去的扶贫报道中拓展得或深或浅。大众媒介在以往关于扶贫的报道中，与政策发布之间的时间关系有序列不清晰的现象。有些报道，过了几年再看，改改时间都可以再用了。新的时间关系的重构需要通过对政策颁布的历史、政治社会背景、经济文化背景以及国际环境乃至技术变迁等因素等方面着手。比如精准扶贫的概念是针对什么情况提出来的？又有哪些发展？或许这些问题，在大众媒体报道中都已经有所涉及，但是报道的效力并没有呈现出来。

2015 年 11 月 27 日习近平总书记在中央扶贫开发工作会议上，针对如何摘帽、如何防止返贫等关键问题指出："要设定时间表，实现有序退出，既要防止拖延病，又要防止急躁症。要留出缓冲期，在一定时间内实行摘帽不摘政策。要实行严格评估，按照摘帽标准验收。要实行逐户销号，做到脱贫到人，脱没脱贫要同群众一起算账，要群众认账。"扶贫政策设定时间表，相应的媒介报道也要设定时间表。这种时间表的设立，需要媒介组织从重建新的扶贫话语开始。笔者从事的是农民工与农民调查，曾经对媒介关于农民工称谓与农民工政策之间进行纵向比较，发现政策颁布与媒介报道之间会出现滞后与错位的现象，出现这种现象并非是媒介组织有意为之，往往是在政策颁布与媒介报道的时间关系处理上没有做系统安排，因此媒介报道中出现了多义性的政策报道，这一点，很容易影响媒介报道的效力。

再次，重建新的媒介扶贫信息传播话语与建设一种新的扶贫文化息息相关。

如何寻找和重新厘定当代中国社会的文化价值体系，是一个复杂的过程。每一种新的话语表达，一定意义上都是寻找和重新厘定文化价值体系的尝试。扶贫话语也是如此。在每一次体制革新和社会变迁中，政治文化、社会文化和大众文化都会发生一些细微或者剧烈的变化，这些变化最为直接的表现形式便是话语表达。就国家层面而言，扶贫不仅是一种共享发展理念下的战略诉求，更是一种尝试建设新文化的努力。

20 世纪 90 年代以来，媒介化已经成为与社会化并驾齐驱的概念之一。媒介社会化、媒介化的社会和社会化媒体等概念充分延展了这种新社会形态的特点。作为文化的载体，社会化过程和媒介化过程也是塑造和寻找新文化体系的过程。对于当代中国媒介组织和媒介从业人员而言，通过对精准扶贫的报道，也是在媒介化时代建设新的扶贫文化的契机。新的扶贫文化应该包含这样一种含义：扶贫是平等理念下消除社会阶层差异的一种文化尝试，而非从主流文化向非主流文化传输的过程，也不应该是以社会地位相对高的阶层对社会地位相对低的阶层自上而下进行文化传输的过程。

笔者在农民培训中发现，一些经济地位和社会地位相等的农民群体，拥有很强的发现和创造文化的能力，农村的一些曲艺形式，被他们赋予了很多日常化的表达，比如舞蹈、相声、歌谣、散文等。他们还通过其他一些乡村文化形式，主动记载了乡村社会中一些文化传统和习俗，这些现象在本质上也是媒介重建扶贫话语的重要资源。

最后，重建新的媒介扶贫信息传播话语需要培养专职的扶贫报道从业者。

在农民工与媒介关系调研工作中，笔者曾经希望访谈一些专门从事“三农”报道的记者，发现人数寥寥，而对仅有的一些记者的采访中，他们对农民工的看法基本来自个人的日常生活感受和媒介报道，专业性和职业性都比较缺乏。有的记者告诉笔者，这是媒介的组织结构决定的，媒介也不可能设立专门的“三农”部门。因此，就媒介自身的现状而言，重建新的媒介扶贫信息的话语，也需要从媒介从业人员的职业化与专业化上入手。扶贫信息的报道与国家和社会发展战略结合在一起的话，平面化的信息报道方式并不能充分将这种战略展现出来，需要培育和发掘专业的“扶贫记者”，这些“扶贫记者”在满足基本的专业素养的同时，要对国家与社会发展的趋势有基本的认知，对扶贫政策的前因后果以及与国家和社会发展战略之间的关系有清晰的了解，对基层社会有长期的观察和了解，在理论和实践上有专业性的知识和职业性的素养。

“知识沟假说”指出，通过大众媒介，社会地位高的群体和社会地位低的群体在信息获取过程中，二者之间的知识沟有扩大趋势。这个假设也可以反过来看，假设媒介从业人员能够在专业扶贫报道上更为贴近现实、融入日常生活中，同时又具备一定的专业知识和高度，满足不同受众群体和各种组织的信息诉求，那么媒介便成为弥合不同阶层之间冲突的一种有效工具。

综上所述，重建媒介扶贫信息报道的新话语，需要从 4 个层面着手，一是共享发展理念下的媒介与扶贫之间话语表达如何实现更大的有效性。这个有效性的表达需要关注的是媒介组织、媒介从业人员、社会舆论和扶贫政策之间的互动关系，而非冲突关系。二是媒介报道要有时间上的绵延性，避免碎片化的报道和断裂性的报道，媒介报道与扶贫政策之间有对应的时间匹配关系和空间布局设置。三是重建媒介扶贫信息的新话语，要与建设一种新的扶贫文化结合起来，将扶贫不仅仅作为政治传播和经济发展理念，而要作为寻找和建设文化体系的一个部分来看待。四是要培育专业的扶贫信息报道从业者，也即在媒介从业人员中有意识培养从事扶贫类信息报道的专家记者。

这 4 个方面，简单来说，就是以共享发展理念为核心，展开媒介扶贫信息报道的时空化，发展和建设新的扶贫文化，培育专业的媒介信息传播者。

农民观念培育与涉农媒体的定位

媒介技术的发展不仅改变了媒介生态环境，也改变了人们对信息传播模式的认知。就历史的比较视野而言，20 世纪后半叶中国媒介的发展历程，可以说经历了“冷战”时期所形成的思维模式的影响、全球化思潮的挑战和新技术的日常化、大众化的三重冲击。在这三重力量的作用下，中国媒介的发展试图从行政化、市场化的二元结构中找到一条属于自己的路。在这种寻找中，经历了 20 世纪 50 年代的媒介人力资源的调整、60—70 年代的思维模式的政党性统一、80 年代的启蒙主义思潮的影响力。90 年代之后随着政府管理媒介模式的变化、市场化程度的深入，消费主义思潮开始以各种各样的形式侵蚀着社会的各个角落。而中国媒介的产业化、行政化和市场化也在这样的背景下，以集团化、行政化和市场化为特征遭遇了全球化思潮。加入世界贸易组织（WTO）将中国媒介带到了全球化的背景中，在尚未准备好媒介体制变革、尚未对媒介内容生产和消费进行系统化理解与反思的状况下，娱乐化与消费主义思潮相结合，又再度冲击了中国媒介系统。伴随而来的则是进入21世纪之后互联网、手机以及社会化媒体对原有媒介系统所带来的技术性乃至结构性的冲击。所有这一切，都发生在从20世纪50年代中期开端到20世纪80年代中期所逐渐形成的城乡二元社会结构的政治、社会、经济和文化背景中，如今，这种背景依然成为我们认知中国社会的一个重要的命题和视角。

但是，从这种背景中需要剥离的一个命题是：在城乡二元结构中媒介的定位应该是什么？更准确而言，城市社会与乡村社会之间的制度化分割，是否会呈现在当代中国媒介的商业化过程中？在这种商业化过程中，针对乡村社会的媒介应该处于什么样的位置？如何定位呢？对这些问题的回答，可以从不同视角切入。笔者选择的角度是从农民群体出发进行分析。

肇始于20世纪70年代末期至80年代初期的中国农村改革，一方面从经济上赋予了农民更多的自主权；另一方面行政力量开始从农村抽离，农民群体在这样的背景下，开始分化了，学者通常将农民分为农村主力劳动力、农业大户、回乡创业人员、农村经纪人等[①]，政府部门也是依靠这种分类对农民进行管理。Q. Forrest Zhang & John A. Donaldson 认为，当代中国农民在农业转型中发生了分层现象，他们根据劳动体制和土地权利机制所带来的农业变迁，将当代中国农民分为6种类型：商业型农民（Commercial Farmer）、创业型农民（Entrepreneurial Farmer）、合同

① 高强，朱启臻：《关于新型农民分类培训的思考》，《教育与职业》，2007年第9期，第5-7页；孔德新，袁日华，鲁可荣：《农民素质现状、培训需求与新型农民分类培训》，《安徽师范大学学报（社会科学版）》，2008年第7期，第484-487页。

制农民（Contract Farmers）、中国特色的半无产阶级化农业工人（Semi-proletarian Farm Worker with Chinese Characteristics）、半无产阶级化农业工人（Semi-proletarian Farm Worker）和无产农民工（Proletarian Farm Worker）①。这两种分类视角不同，一个是从传统农民在经济变迁和迁移中的社会行为来进行分类，这种分类在乡镇一级的政府管理中已经成为一种行政类别了（诸如村能人、养殖大户、创业典型等，都是乡镇根据农村的发展状况，分别给予资金扶持和精神奖励的），另一个分类则是从劳动分工和农民与土地的关系来进行的划分。笔者认为，这两种划分，都没有将一个类别考虑进去：拆迁农民。

拆和迁是两个过程，一个是指失去原有的居住场所和赖以生存的工具，另一个则是指要在新的居住空间和新的社会关系中生活。尽管拆迁不仅仅是发生在农村，但由于农村拆迁不仅涉及宅基地的问题，更涉及土地本身，还涉及农民的身份认同问题。因此，拆迁农民将是中国乡村社会在未来一个时期内面对的一个庞大的群体。

笔者在这里以对拆迁农民的培训为出发点，分析他们在媒介消费方面的特征，试图为涉农媒体的发展提供一点思考。

通过对培训对象的前期调研、后期追踪和授课过程中的互动，笔者概述出了在拆迁中农民媒介消费的一些特征，这里的拆迁是指一个过程，培训对象中有尚未拆迁的、有等待拆迁的、有拆迁了还种地的、有拆迁了没有土地的，还有完全拆迁了的。这些培训对象可以说在一定程度上代表了中国农民的各种特征，而分层级的培训，也将政府对农民所做的分类囊括进来了，因此案例有较为显著的典型性和普遍性。在这里，分两个层次来讨论农民在拆迁中的特征以及涉农媒体的定位。

① Forrest Zhang，Q. & Donaldson John A.（2010）：From Peasants to Farmers：Peasant Differentiation，Labor Regimes，and Land-Rights Institutions in China's Agrarian Transition. Politics & Society 2010（38）：p. 458.

（1）拆迁农民的媒介消费特征

①在信息需求上，呈现出对传统社区信息和新型社区信息之间的双重而富有冲突的诉求。藤尼斯和涂尔干所说的机械团结和有机团结的概念并不完全适用于这样的信息诉求状况。以拆迁为标志，未拆迁的村民、正在拆迁的村民、等待拆迁的村民和已经拆迁的村民，在情感结构上呈现出同样的特征：一些熟悉的信息他们不喜欢通过媒介来获取，而希望依靠原有的社会网络来实现。一些“陌生”的信息，如搬迁到新的社区中，他们对社区中信息在态度上很“敌对”，总觉得“过去的村落”更好。因此，传统村落中的农民在获取媒介信息时，依靠的往往是熟人社会之间的相互推荐，新型社区中的农民则是依靠媒介所提供的信息来进行选择。社会凝聚力（social cohesion）随着居住空间和生活方式的改变有了变化，个体化程度则随之不断上升。涂尔干的命题：个体化（individualization）的不可逆转之势和社会凝聚力的缺乏之间的内在张力依然没有得到有效解决，在这样的冲突中，传统村庄的村民选择信息时受到周围环境影响更大，而拆迁之后的村民选择信息时依靠的更多是媒介提供的信息。

②在媒介类型的选择上，拆迁之前的农民主要依靠电视和手机。电视是他们消磨时间的主要工具，用他们的话说“业余生活就是看看电视什么的……”“电视里说，……”已经成了他们表述自己观点的主要话语范式，这种范式伴随着他们说话时的神态，更像是一种身体的叙事结构在作用，这种叙事结构的主要载体是电视信息。手机是他们与村落之外的世界联系的工具。拆迁之后的村民也是依靠电视和手机，但是观看电视的时间减少了，他们试图在新的社区中，“创造”一些原有的生活习惯，如在小区的院子里种黄瓜、挖地窖等。手机增加了一个主要功能，就是与原有的村民之间进行联络，一个村支书说，“没有手机怎么行？现在村民拆迁了，都不住在一个小区，被分散开了，但是村里的组织工作还在进行，村委会还在，总要通知村民，手机最重要了”。换言之，即使

是拆迁之后，村庄的实体不存在了，但是村庄的精神还在延续着，这种精神是以组织的形式、集体资产的分割形式等延续着。

③在信息导向上，更愿意将最近和最远的信息结合起来，即本地化和全球化信息相结合。村民们在聊天中最喜欢说到的一个词是“出国”，在他们眼里，“出国”就像是从家里去自家的地里，完全没有距离感，地方的概念与全球化结合起来了，而空间的概念则被延伸到一个无限大的宇宙之中了。吉登斯所说的现代性维度中的抽离（disembedding）在拆迁农民群体身上表现得比较突出，这种抽离还是半抽离的形态，因为拆迁户居住的楼房里有一部分还是原来村庄的村民。村民在内心渴望以前的惯性生活，又因为有了拆迁款而表现得被赋予了全球意识，让自己的孩子出国，与自己的孩子通过网络进行交流，让他们感觉不仅有了城市身份，更有了国际身份。城市在他们的拆迁款面前，不再是令人渴望的载体，消费主义和个体化的趋势将农民导引到更为地方化和同时更为全球化的信息诉求中。因此，他们对全球化的信息更青睐，“国外都那样呀……”是个口头禅，同时，对与城市相关的信息，他们抱着批判的态度，觉得很多信息很虚假，不像是真的。他们对城市的想象更多是基于所观看到的本土信息、城市信息和全球化信息混合在一起形成的。

（2）涉农媒体的定位思考

上述拆迁农民只是中国当代乡村社会变革中的一个缩影，这个缩影与当代中国媒介的发展状况结合起来，便会产生很多奇异却又富有中国特色的媒介命题来。涉农媒体便是其中一个命题。

①第一个问题是：涉农媒体中这个“农”究竟是指什么？农业？农民还是农村？如果说是农民的话，农民的分类又是一个新问题，中国中部、西区和东部地区的农民有差异，这种差异很大程度上是以经济地位衡量的。大众媒介是伴随着城市化、工业化而出现的，是伴随着大量农民、移民进入城市工作和生活之后出现的，大众媒介的信息传播对象的转变才将其从原来的精英媒介转变为大众媒介，涉农媒体在其中扮演的

是过渡性的角色，就历史发展而言，乡村报刊是在乡村地区出现的，而不是在城市出现的，因此如何在这个时代厘清涉农媒体的概念是个大命题。

②涉农媒体的信息传播对象是谁？农民？还是其他人？这是个被各种话语体系固化的一个命题，但却是一个在中国媒介变革中没有被认真反思的命题，在城市里办涉农媒体本身是行政化的一个产物，是固有思维模式在媒介行业的一种延续。随着时代发展，涉农媒体需要跟着社会变迁的思路来改变，笔者认为，其信息传播的对象应该是某一类人，这一类人对特定的信息感兴趣，而不是根据城乡二元社会结构来界定涉农媒体的传播对象。

③涉农媒体的信息定向是什么？即信息传播的目的是商业导向的还是公共信息导向的，或者是政府导向的？这其中需要防止的误区是：一是自上而下的信息传播思路，这种模式在20世纪70年代国际传播中是主要范式，现在已经过时了；二是信息生产和消费之间的脱节现象，认为设定传播对象的信息诉求，以消费观念将人们划分为不同的群体。

④涉农媒体的类型选择。任何媒介产品的生产和消费都是一个组织和群体之间的互动过程，在这个互动过程中，信息社会渐渐形成了，在信息社会中，网络化的个体成为一种趋势，在信息的世界中，人们被区分同时又被融合，涉农媒体的发展在类型选择上也需要从这一视角出发进行定位。

⑤涉农媒体的信息传播，理应与公民意识的培育结合起来，从农民观念培训工程的实施过程和效果可以看出，农民是渴望各种与他们的世界距离遥远的信息、全国的信息、全球化的信息，地方认同、国家认同和全球认同在这一过程中被统一起来，从而形成了一种想象的共同体。这一点为国外很多研究者对于工人阶级后代信息诉求的研究结论所证实。因此，不仅仅是涉农媒体，大众媒介在构建社会现实过程中，如何将地方性的知识和全球性的知识相结合，也是一个富有挑战性的问题。

合：文化归途　地方之内还是地方之外

第九章　新媒体时代的“土味”文化[①]

短视频时代一个较为突出的现象是：大众以一部手机，进入了信息平台，也意味着信息的新大众时代开启了。虽然19世纪末期以来的大众媒介，逐渐对原有的传统社会结构产生了影响，进入20世纪之后大众成为大众社会来临的一个标签。但是，作为文字的媒介是以读书识字为前提的，这在一定意义上阻隔了大众成为“真正的大众”，而是“有限定的大众”。随着移动传播终端的普及化，尤其是视频拍摄剪辑与传播在手机上的普及化，每个网民在手机这一媒体的日常化使用中，获得了更多的可能性。这种可能性对村民意味着一种在微观层面上使得乡村生活进入更大平台的机遇。“土味”文化，某种程度上可以说是这种机遇的一个案例。

一、“土味”文化与大众媒介在乡村的扩散

“土味”文化，从历史渊源而言，首先是特定社会历史时期的产物。

从土的寓意而言，其与人类文明史的原初性紧密关联。在人类交换方式初期，一切产品都是与泥土之间发生关联的，人与人之间的关系是建立在泥土之上，一开始就是土味的。随着城市的兴起，工业革命在发展的同时，对传统农业生产方式形成了巨大的挑战，农产品与工业产品

---

① 本章部分内容原载于《人民论坛》2022年第4期，第117-119页。

在市场中的影响力也逐渐被拉开了。土味在各种力量的牵引下，被限定在乡村社会的区域内。工业产品成为社会经济发展的推动力，也是经济增长的核心因素。在工业革命的全球化中，农业社会在全球化中被视为社会发展中的一个相对落后的阶段，如何使得农业社会的经济发展能够在整体社会中占据一个相对有利的位置，便成为现代化的一个基本诉求。

其次，随着社会工业化、技术化和现代化的步伐，农业文化的范围不断萎缩。文化与诸多新出现的现象不断对接，各种新的文化嫁接名词不断出现：流行文化、大众文化、媒介文化、工人文化、农民文化、技术文化等。在各种文化概念中，与农业社会相关的文化通常有三种：乡村文化（与城市文化相对应）、农业文化（与工业文化相对应）、传统文化（与现代文化相对应）。这三种文化类型分别与城市社会、工业社会和现代社会相对应。显然，新的信息技术对整个社会发展带来的影响，以及由此在乡村社会中的扩散，并没有在上述的表述中得到呈现。

换言之，从大众媒介的逐渐扩散开始，乡村社会便逐渐与信息技术之间出现了隔离现象。隔离现象是指：信息技术的发明者和主要使用者群体主要是基于现代社会或者城市社会的需求，伴随着地理空间和线性时间诸多障碍的消解，时空更多地呈现为与陌生社会相关联的诸多新属性。大众媒介与社会大众化，或者是大众社会是密切关联的。而大众社会在近现代中国的乡村社会中，并没有得到与媒介技术同步的扩散与使用。乡村大喇叭自 20 世纪 50 年代成为乡村社会的主导媒介。进入 21 世纪，广播电视在乡村社会的覆盖率有极大的提升。统计显示，从综合人口覆盖率看，2020 年，我国农村广播节目综合人口覆盖率 99. 17%，农村电视节目综合人口覆盖率 99. 45%①。在这样的背景下，大众媒介以声音和图像相结合的大众媒介形式，进入了乡村的日常生活中。对于农民而言，电视至今依然是日常生活中必不可少的媒介之一。

---

① 国家广播电视总局资料，详见：http：//www. nrta. gov. cn/art/2021/2/2/art217854996. html，查询时间：2021 年 2 月 3 日。

但是，大众媒介下乡，与文化下乡、“最后一公里”等始终是有一定的距离的。如果说诸多的文化下乡、信息下乡更多的是针对乡村的公共生活的话，大众媒介下乡则更多地是以渗透进入农民的日常生活为目标的。以自上而下的方式，进入乡村的公共生活，同时是以外力的形式对乡村社会产生一种短期影响，这种影响更多地停留在“定量”的维度上，虽然部分也是以新技术的形式呈现的，但这种新技术与乡村社会之间还是疏离的关系，或者依然处在城乡对峙的关系中，是导致城乡隔阂的新技术。这种外来者的技术形式在乡村社会中，始终处在游离的状态。大众媒介下乡最初是以资本下乡的形式，完成行政和资本任务的，比如家电下乡、互联网下乡等，不少村落里的电脑被搁置着，电脑放在村委会的一间屋子里锁着，最终新电脑变成了旧电脑，甚至是不能使用的坏电脑。后来，业界学界和地方政府开始将侧重点放在农民的信息需求的培育和满足上，并着力培育农民的信息技术使用能力，但效果依然甚微。

笔者在北京郊区对农民进行培训期间发现，农民对于电脑的使用并不在意，他们使用网络更多的不是来自电脑，而是来自移动传播工具——主要是智能手机。换言之，大众媒介是以与农民日常生活方式对接的形式进入乡村社会的，电视则是大众媒介中农民首选的媒介形式。电视对于农民日常生活的影响主要以单向方式实现，农民参与内容生产的可能性很低。电视内容的生产与传播正如霍尔所说，是以专业生产者为主导的一种模式。对于农民而言，这种模式在他们观看电视的过程中呈现出绝对的优势，观看电视时，他们与国家之间、城市之间产生了不同层次的认同感，这种认同感在大众媒介进入乡村社会时发挥了核心作用，产生了主要功能。

进入移动传播时代，互联网在乡村得到了迅速扩散。笔者在不同地区的乡村调查显示，北方地区的农民对于互联网的认知主要是从使用智能手机开始的，智能手机的绑定套餐在他们最初使用网络时，尽管是以资本的形式，但却提供了农民使用网络的基础条件，他们甚至在不知道何为上网的时候，就在上网了。也可以说，他们是在使用手机中，不知不觉开始接触网络的。

概括而言，互联网进入乡村社会的过程，与进入城市社会的历程有较大差异。城市社会的互联网普及在当代中国更多地呈现出组织化和个体化相结合的模式，而乡村社会互联网的扩散与迅速普及与农民的个体化过程密切关联。当资本和市场开始将技术带来的销售影响集中在城市时，智能手机及其自带套餐使得农民个体迅速在无意识中进入了手机时代，在乡村，互联网对于农民而言是手机时代的产物。

那么作为乡村社会中手机时代的产物，互联网在乡村社会的应用中呈现出怎样的特点呢？

首先，基于农民采用互联网的过程是从无意识状态开始的，因此互联网对乡村社会发展带来的诸多变化，更多地是从探索开始的。随时移动的手机是和身体绑定的，身体的流动，意味着手机的迁移，更意味着农民作为个体使用互联网的私人性特征。但这种私人性特征很快淹没在乡村社会的熟人习性中。拿着手机居住在乡村的人们，与外出务工的人们之间，地理的隔阂开始消除了，位置的地理属性被解除后，在乡村内外，呈现出去地方性和地方性混合的特征，这种特征起初是以熟人社会的关系为前提的。

其次，农民使用互联网是以娱乐化的方式展开的，作为移动传播工具的手机，使得无论是传统的农民还是现代的农民，都把手机当作一个娱乐工具。笔者 2010 年调研时曾遇到过一个进城农民，他小学毕业，在海淀区某商贸街卖服装，他认为，手机的功能十分齐全，并总结了 10 多种功能，还讲述了用手机来炒股的技巧。当时，他使用过的手机已经有五六部了。同样的情况，笔者在北京对进城务工的青年农民访谈时也发现，服务行业，尤其是美容美发行业、餐饮行业的服务员更热衷于选择手机的品牌，他们攒钱为了买到更好的手机，而他们使用的手机品牌一开始以苹果为主，后来转为了华为手机。对于在村里务农的农民而言，年长的农民由于忙于农活，有空的时候才会使用手机娱乐；青年农民对于手机的娱乐功能依赖程度更高。

最后，农民使用手机是从个体开始的。在手机之前，在乡村占主导地位的媒介形式，如乡村大喇叭、广播电视等，对于农民而言，主要是以集体获取信息的形式来实现的，因为这些媒介面对的是大众，不是个体，尽管有时候个体是一个人在观看（收听），但是信息在传播的时候面对的是大众。手机却不同，一开始的使用便与集体使用的媒介形式有了区分。

回顾农民的互联网使用属性可以发现，尽管在手机时代，农民以诸多形式使用着网络，却始终处在以娱乐形式和日常生活的交流占主导。那么，带着土味的乡村文化如何在农民的个体化使用中成为一种新的趋势？并引起了城市与乡村关系认知的一种变化的？

二、短视频中“土味”文化的被生产与被发现

在回顾了乡村社会中媒体使用过程之后，可以看出，“土味”文化在之前的媒介内容生产与传播中，并非缺席状态。而是内容生产与传播的主导者为媒介从业人员，换言之，作为乡村文化一部分的“土味”文化，一直存在着。消费“土味”文化的受众，不仅是城市市民，也包括乡村的农民群体。也就是说，在大众媒介时代、甚至在手机媒介的早期，农民缺席了“土味”文化的生产与传播过程，成为消极和被动的受众。更值得注意的是：这一时期，“土味”文化虽然也是“乡村”文化，但并没有由此拓展乡村文化与乡村诸多产品的市场，也没有改变城乡之间信息传播的结构。

随着短视频的出现，阻隔农民与新媒介技术之间的障碍——受教育程度（这里主要以识字率为标志）被瓦解了。作为传统乡村文化一个组成部分的“土味”文化，开始突围了。传统乡村文化的生产主体主要是

媒介从业人员，带有专业性和职业性。移动传播终端手机和短视频的结合使得原本作为乡村文化一部分的“土味”文化，开始从乡村文化中分离出来，以本地性、乡土性、养生性、文化性和市场性为属性，这些属性部分与原本的乡村文化开始剥离，使得“土味”文化不再是一个概念，而成为一个乡村的名片。

那么，什么是“土味”文化的本地性、乡土性、养生性、文化性与市场性的属性呢？

本地性是指“土味”文化源于乡村社会中，主要以当地的各种产品为主。比如辣椒酱、红薯等产品，就是本地性的具体呈现。这些产品中的一部分是出现在城市集贸市场上，它们在乡村社会中主要是依靠小农户在本地的市场中进行零售，由于缺乏有效的物流网络，导致很多具有季节性的产品被囤积甚至陷入无法取得任何价值的境地。因此靠天吃饭往往是农民一种随遇而安的选择。2020 年和 2021 年，笔者曾去山西晋中乡村调研，这个村落的核桃连续两年在授粉期间遇到了霜冻，导致产量迅速下降，这是无法避免的自然现象，依靠农业保险避免了农民的部分损失。最主要的问题则是本地农产品由于无法得到充分的市场销售而导致价格低廉。在短视频中，这些土味产品往往与乡村直播者一起，与耕作行为、收获过程等链接在一起，成为对接外来者与乡村社会之间的一个良性中介。

与本地性相关联的便是乡土性，如果说“土味”文化中的本地性是基于本地特色产品的话，乡土性则侧重产品本身的属性，这些产品更多地基于乡土产品的初步加工。在加工过程中，通过短视频展示这些富有更多泥土特色的产品，使得外来者在观看中对产品质量的信任度得到建立。

养生性是当代中国社会中各界都比较关心的一个核心问题。人们对健康生活的诉求越来越年轻化，这主要是基于改革开放之后，人们在解决温饱之后开始代际更替和教育阶层的交替，现在在城市里工作的年轻人，对身体健康的关注比起上一代人更为全面了。作为养生的核心，饮食成为一种生活品质的基本诉求。土味的气息恰恰契合了这种特色，泥土气息中蕴含的健康因子，使得养生性成为“土味”文化 一种隐含的内涵。

文化性，在“土味”文化中是最为核心的因素，它是在本地性、乡土性和养生性的基础上，通过短视频直播的播主们展示出来的。这种展示有以下几个特点，引起了村落之外人们的关注。一是自发性的特点。来自村落的主播们在拍摄视频时，部分主播与专业公司联合了，但大部分主播主要是依靠自身的身体语言来呈现出来的，比如方言、表情、服饰和院落以及村落的环境等。由于这些视频本身的业余性，村落之外的网民通过这些来判定是否带着“土味”，“土味”文化的含义得以模糊地被建立起来了。二是自然性的特点。主播们无论粉丝多少，依靠的背景都是大自然或者生活在大自然的村民们、动物们和植物们，观看者产生了情感上的信任感和视觉上的期待感，在这双重的感知中，“土味”文化的味道凸显出来。三是天然性的特点。从工业革命到信息革命，人类对城市抱着比较复杂的心态，一方面可以更好地获得诸多信息资源、工作机会等，另一方面又被各种拥挤的生活、嘈杂的声响、繁忙的节奏、陌生人的关系等环绕。人类对田园生活有一种天然的亲近感。这种亲近感在灵魂深处盘旋着，遇到适合的机会，就会迸发出来。而天然性与这种亲近感关联着。走在城市的街道上，观看着乡村主播的短视频，会找到灵魂共鸣的精神契合感。

最后一个属性是市场性，它在“土味”文化中扮演着看起来是显性的目标，但其实是隐性的功能。说它是显性的目标，是因为乡村的主播们在视频上展示土味产品之后，可以直观看到的结果是产品是否被观看者购买。隐性的功能是主播们在上述几种属性里凸显出来的文化味道，更容易吸引观看者的注意，导致购物选择反而成为隐性的了。一切皆是文化的理念，在网民不断成长的互联网文化中，市场性很容易延伸为文化性，文化性也极容易蔓延为市场性。

概括而言，本地性、乡土性、养生性、文化性和市场性这几个属性构成了“土味”文化的主要内涵。显然，与传统的乡村文化相比较，“土味”文化的现代性意味更为浓烈，传统与现代之间的关联性与冲突性也更为凸显。当短视频中的主播们让“土味”文化在网络上成为一种潮流时，也预示着信息时代、电子视觉时代乡村平民化潮流的浮现。从“土味”文化的属性中可以看出，在短视频时代“土味”文化的生产与传播主体，已经从专业媒介从业人员过渡到乡村的平民群体上。这个过程包括两个转型：一个是乡村文化到“土味”文化的转变，另一个是生产与传播者由专业机构的媒介从业人员到乡村平民的转变。在这两个转型中，社会化媒体时代网民参与信息生产与传播行为的普遍化，作为一个中介因素也启迪了乡村的网民们。在这种背景下，“土味”文化被农民个体在无意识中生产出来，被村落之外的网民所发现，最后在市场和行政力量推动下，在网络世界成为一种文化形式。

三、“土味”文化里的观念与风险

“土味”文化被生产和被发现的过程，并非总是充满了田园浪漫的色彩。在各种因素角逐中，一些冲突的因素也在不断瓦解着“土味”文化的属性，使得其原本的面貌出现了分化与裂变，呈现出复杂的形态。

在这些复杂的因素中，有三个因素最为突出，一个是乡村主播观念的变化，一个是网络本身的力量，一个是风险社会的属性。

一是乡村主播观念的变化。观念改变对于从传统到现代过渡的社会而言，是十分艰难的过程。这个过程持续的时间往往需要几十年甚至是上百年的时间。在“缺乏”时间的前提下，网民观念的形成往往会出现“急于求成”的特点。笔者在北京郊区从事农民培训时，农民提问五花八门：“老师你告诉我什么时候拆迁就行了，一拆迁就有钱了，有钱了要工作干什么呢?”“老师，我想找个明星做老婆，怎么办?”“老师，您能告诉我如何致富吗?”类似的问题每年都有。而在时间推移中，他们使用的手机品牌和功能也在不断演化。微信、微博、网购……他们在不断与这个时代的信息生活对接，但是他们关心的话题并不会有太大变化。对乡村社会的“土味”主播们而言，也是如此。他们在匆忙的时间里，进入了网络直播的世界里，如何直播？如何表述？如何呈现产品？这些问题的解决主要源自他们在网络上和乡村熟人关系网络里的“学习资料”，这些学习资料既是零散的，也是充满了内在冲突的。除此之外，农民个体依靠的是他们自身朴素的先天本色。由此可以看出，乡村主播主要来自个体的选择，与村落的开放度、经济发展水平、村落的地理位置和交通状况、村落的文化特色有直接的关联性。村落的文化特色越是显著，乡村主播们对于村落的展示以及产品的呈现更能引起村落之外人们的兴趣。正如威廉斯所说：“技术的使用并未取代任何形式的社会活动。它们至多不过是增加了人们的选择范围，让人们改变了特定时间的特定活动方式而已。但是这些改变显然不仅仅是由技术带来的，主要原因还在于共同生活的整体环境发生了变化。”①

二是宏大意义上网络的力量。网络的力量这一概念包含两种含义，第一，指网民对于乡村主播的影响。笔者对抖音上粉丝数量较多的私人账号主播进行线上访谈，发现有以下几个特点：首先，这些账号涉及的产品数量一般比较单一，有些产品售价普遍高于市场价格，有些产品价格则比较低廉，但这些产品大部分没有品牌，但销售量很稳定；其次，这些账号的主播们，并非每天都直播，周期不定，视频质量也良莠不齐。线上留言，往往几天后才会得到回复，或者得不到回复。网民对这些主播的关注，更多是基于产品中“土味”的信任，而不是侧重与主播本人

---

① ［美］雷蒙·威廉斯著，高晓玲译：《文化与社会》，长春：吉林出版社，2011年版，第316-317页。

的交流。第二，指专业公司的影响，部分主播因为各种原因与专业公司合作，专业公司管理着视频号，这些账号的视频质量通常比较高，基本脱离了个人的随意性色彩，以市场逻辑的路径运作着主播背后的生意。受限于专业公司的理念，“土味”主播成为一个网络的劳动者，逐渐失去了个体原有的自然性和天然性。这一点，在学术界对于网络从业者情感和劳动两个视角的关注过程中，也延伸到了乡村网红主播劳动行为的阐释中。从劳动视角的关注，一定程度上也体现着“土味”主播们失去了对于“土味”文化主导权的警示。

三是风险社会的属性决定。德国社会学家贝克提出了风险社会的概念，并指出“风险社会包含了一种足以冲破边界的草根民主式的发展动力。人们由此被迫共同进入文明自陷危机的统一局面”①。在网络世界中，风险处处存在。在网络的风险环境中，主播的话语表述充满了不确定性，网民在这种不确定性中，不断游离。“土味”文化的主播们，对这种不确定性并没有很好的应对能力，他们的媒介素养知识处在零碎状态。主播们如何在风险社会中更好地沿着“土味”文化的路走下去，还需要更多的培训工作和媒介素养知识的培育。

四、结语

随着短视频与“土味”文化更为密切的对接，“土味”文化在被生产和被发现之后，也面临着被市场里的诸多文化形式同化的风险，一旦“土味”文化的原有属性失去了，“土味”文化成了流行文化或者大众文化之后，“土味”便不再是乡村的“土味”，而成了市场的“土味”了。应对这种趋势的方法有三种，一是对于乡村的“土味”主播们进行媒介

① ［德］乌尔里希·贝克著，张文杰，何博雅译：《风险社会》，南京：译林出版社，2018 年版，第 45 页。

素养的培育，二是对侧重做“土味”文化传播的专业公司进行乡村社会属性的知识普及；三是利用网络平台，对城乡文化的发展及其趋势展开讨论，引起公众的重视，最终对“土味”文化的发展探讨出一条理想的发展之路来。

第十章　地方感与全球化

随着互联网技术所带来的信息传播格局和新媒介技术的普及与变革，个体参与信息生产与消费过程中的角色与行为都发生了变化。在这个过程中，大众文化的景观也在发生转换。文化，从较为狭隘的含义上日益过渡到较为宽泛的意义上，人们的日常生活也与文化有了很深的粘连性。这种粘连的状态，呈现的或许正是大众文化自身改变的一种形式或者现象的景观。

在日常生活中，技术开始突破人与人之间的“物理”边界，并且“融合”组织与组织之间的“实体”界限，以信息的渗透，将生活的各个角落布满了“信息媒介”的痕迹，将周遭的物体“媒介化”并开始浸淫和重构人类的日常生活。在这种新的生活现场中，大众文化这种伴随着工业革命而产生的文化形态，也被赋予了更为复杂的形态和意义。媒介、大众、文化、技术、全球化与人们的日常生活之间构成了一个独特的社会网络，在这个网络中，物体被媒介化，媒介被物化了，文化不仅是大众媒介的产品之一，本身也成为媒介形式的产物。媒介也不只是大众文化的合谋者，更成为日常生活的一个产品。在这种情境中，如何重新解读大众文化，就成为一个新的历史命题了。同时，技术变化所带来的信息流动，将全球化与本土化的命题也重新抛掷出来，使得文化的形态变得更为繁复和多元。

一、媒介、大众媒介与时间、空间

从传统社会向工业社会的过渡，最重要的标志之一便是城市化和技术所带来的人与人之间信息诉求和传播方式的改变。而媒介自身，也成为这种过渡的中介和特征之一。柏拉图在《柏拉图对话录》中借着苏格拉底的口吻指出，作为文字的媒介会伤害人们的心灵、使人们在认知世界的过程中忘记心灵的存在，因此文字的发明，一定程度上会破坏人们心灵的完整性。因此，他将人与人之间借助媒介完成的对话分为两种，一种对话是借助书面文字的："它（文字）很像图画。画家的作品放在你面前好像是活的一样，但若你向它们提问，那么它们会板着庄严的脸孔，一言不发。书面文字也一样，你可以把这些文字当作是有知觉的，但若你向它们讨教，要它们把文中的意思再说明白一些，那么它们只能用那一套来回答你。一件事情一旦被文字写下来，无论写成什么样，就到处流传，传到能懂它的人手里，也传到看不懂它的人手里，还传到与它无关的人手里。它不知该如何对好人说话，也不知该如何对坏人说话，如果受到曲解和虐待，它总是要它的作者来救援，自己却无力为自己辩护，也无力保卫自己。"① 这种对话的方式，由于文字隔离了人与人之间面对面对话的可能性，导致人与人之间的沟通与交流难以在灵魂上达到契合。而另一种对话则是借助口头语言进行的。当人们面对面交谈的时候，作为媒介的语言，成为直至心灵的媒介。加拿大学者哈罗德·英尼斯认为，口头语言与书面语言之间的交替与更迭，是希腊文明陨落的原因之一，他认为任何一种媒介，都有倚重时间的偏向和一种空间的偏向，由于古代帝国一般会选择一种偏向时间的媒介或者一种偏向空间的媒介为主导，

---

① ［希］柏拉图著，王晓朝译：《柏拉图全集》（第二卷），北京：人民出版社，2003 年版，第 198-199 页。

因此该帝国的文化乃至文明的更替则伴随这种媒介对时间或者空间的倚重而发生，帝国的衰落与媒介的选择有不可分割的关系。“集中关注某一种传播媒介就可以揭示其偏向，在文明的文化发展中，它不是倚重空间和政治组织，就是倚重时间和宗教组织。一种新的媒介的引进往往会遏制前一种媒介的偏向，并创造适合帝国发展的条件。”① 在这里，帝国、文明、媒介与时间空间恰如其分地结合起来了。

随着工业革命的发生，人类组织社会的结构和形式发生了重大变化，在这种变化中，印刷技术成为催化剂。作为书面语的私人通信和书籍被新兴的媒介——报纸所取代，作为媒介的报纸一定程度上克服了旧有媒介在时间和空间上的分割状态，将远距离的传播和即时性的传播结合起来，将“硬”空间转为“弹性”空间，将“固化”时间转变为“液态”时间，空间可以“曲折”，时间可以“流动”，人们可以设置“时间空间”，安排“时间空间”，并在这种设置中，重新定位人类的时间和空间，乃至于文明和文化的含义，具体而微的“远距化”（distantiation）不仅是想象的现实，更是客观的现实。

同时，报纸也带来了社群的改变，原有的社会群体由于书面语诞生而产生的集群状态所呈现出来的阶层分割，逐步消解并转化为由阅读报纸而产生的社会公众。民族国家在这种“消除”时间和空间的格局上完成了对想象性国家的建构。在报纸产生之前，“国王只能隐隐约约感受到各地臣民关注的大致情况。只有在他身上，全国各地不同的关注才能互相渗透”。印刷术、报纸的出现，使得全体臣民“意识到国家的存在”②，这时，“想象的共同体”③ 方成为一种可能。当这一共同体开始浮现在社

---

① ［加］哈罗德·英尼斯著，何道宽译：《帝国与传播》，北京：中国人民大学出版社，2003 年版，第 180 页。

② ［法］塔尔德著，特里·N. 克拉克编，何道宽译：《传播与社会影响》，北京：中国人民大学出版社，2005 年版，第 234 页。

③ ［美］本尼迪克特·安德森著，吴叡人译：《想象的共同体：民族主义的起源与散布》，上海：上海人民出版社，2011 年版，第 9 页。

会各个层面的时候，滕尼斯所界定的共同体在另外一个层面上成为一种现实，社会与共同体在各个层面上交叉又分离，最终成就了大众媒介的“新社会”现实。大众、报纸、信息、权力与政府之间的关系也“浮现”了新的景观。这种景观，不仅是工业社会的一种标志，也是政府与民众关系、信息与公众讨论关系的一种兴起。舆论的中心不再是原有的社会结构中的金字塔顶层，而成为媒介。这种媒介不同于语言、文字，而是一种以面向大众的信息生产和传播，即以大众化报刊为契机继而诞生的系列大众媒介。

从前工业社会的共同体到想象的共同体，人类不仅是在民族主义层面上有了新的身份认知，还借助大众报刊的作用，将这种认知在大众媒介的世界中进行了扩散。随着电子媒介的出现，苏格拉底对作为媒介的文字的担忧已经成为现实，但同时成为现实的还有人们对于媒介技术和媒介形态的重新定位。大众报刊与电子媒介的大众化重新开启了人类信息传播中“公”与“私”的领域问题。当媒介从口头语言到文字语言转换的时候，人与人之间的交流便被赋予了形而上意义的思考，而当大众报刊借助迅疾、公开的文字表达，将大众在“公开”的层面上进行了关联，这种关联按照现代管理学之父德鲁克的说法便是经济人向工业人过渡的一种结果。在工业化的时代，经济人的理性让位于技术主导的工业人，在工业文明的侵袭中，不断被蚕食的不只是农业文明，还有关于农村的种种想象性现实，在城市大众媒介开始渗透在社会的各个层面，无论是共同体本身还是想象的共同体都遭遇到了前所未有的挑战。在应对这种挑战中，媒介时间和媒介空间的概念开始冲击原有的时空概念。“瞬时性”和“此地性”将人们放在“同一”时空中，同时又将人们分割为“差异化”的时空中，在“同一”与“差异化”的时空中，“体验”成为一种奢侈品，“经验”则成了一种虚拟的物品，作为符号的媒介呈现出来的意义发生了改变，文字或者图像的意义所留存的空白，在苏格拉底那里的缺失变成了工业社会中人们寻找意义的无限可能性，在这种可能性中，文化工业对人类所造成的嵌入性受到了反思与批判。无论是单向度的人还是文化工业中的权力运作，都从表征和想象的角度，展现了工业时代大众媒介的商业化力量以及其中所隐含的商业法则。专业化、职业化的大众媒介在宣告独立于政党之后，不得不再度进入了经济权力和政治权力的旋涡中，只是，这一次的旋涡，是工业社会向现代社会转型时期的产物，文本、图像与表征之间的关系，被分割为能指与所指，精英与民众之间的距离在商业化的规则中被无限拉近，同时也被无限延伸了，异化了的除了人，还有物，以及大众媒介及其所隐含的权力关系。文化工业呈现的是资本主义全盛时期的景象，作为文化塑造者和引导者的大众媒介逐渐替代了原有文化的含义和功能，在更为广泛的层面上融合了马克思所说的上层建筑和经济基础之间的关系。“时空交错”“价值交换”，人们在从媒介到大众媒介过渡的现实世界中，被嵌入也被吸纳，被剥离也被“剩余”，大众媒介自身而非它所隐含的意义成为主体，人也隐退为这种主体背后的影子。

英尼斯的帝国和文明不再是“帝国”和“文明”，也不再有倚重时间和倚重空间的媒介。大众媒介在塑造另一种时间和空间意义上现实的时候，文字、图像、声音乃至人们的感官，都成为这种现实的“虚拟化背景”。而正是在这种媒介中，人们不仅“遗忘”了心灵，文字、图像、声音也被“蚕食”了，大众媒介所呈现的、所表征的意义，变成了操作性的工具，媒介被物化了。

二、媒介的物化与物的媒介化

当人类的一些基本交流媒介，从私人空间和公共空间的交往转变为以公共空间为主时，大众媒介便借助工业文明“管辖”了人们的政治生活、社会生活和社会关系网络。而随着工业文明的主宰地位“渐渐”失去，信息成为一种商品、一种文化、一种权力和一种体制的时候，口头语、书面语、副语言和其他辅助性的媒介的地位，便从大众媒介的“缝隙”中游离出来，与新的技术合谋，构成了各种信息的围墙和世界，围墙是一种边界，也是一种守卫。边界意味着原有的媒介边界、国家边界、家庭边界、社交边界等都不复“存在”，时间和空间也面临着被分割的无限可能性。在这种可能性中，守卫边界的是媒介自身，是被大众媒介“遗忘”的是人自身。人们设定边界，便是为了寻找“回家的路”；人们守卫边界，也便是为了“安抚”自己的心灵，苏格拉底的担忧在另一个层面凸显了。

与工业文明相比，信息社会或许可以称之为信息文明，其所凸显的是公开透明和平等参与权。大众与大众媒介在这个时间场域中，不再缠绕在帝国与文明的冲突与融合中，而是在新的社会化维度上，展开了信息与文化之间的塑造与游走。

因此，媒介的边界成为一种虚幻的泡影，媒介从业者也不再“居住”在“空洞而坚硬”的空间中，流动的时间携带了流动的记忆，人们在这种流动中，更多有了“个体的”和“公共的”时间的对接点。这样的场景将“虚拟”与“真实”混杂在一起，似真似幻的感觉，让人们常常在“梦”中完成或者“实现”信息诉求。在这种信息诉求中，奥威尔式的监控方式不再是主流，信息“监控”取代了对“人自身”的“监控”。“人自身”的“监控”则是以主体的积极参与为前提的。媒介，不再是媒介自身，而成为一种“物化”的形式，“物化”的含义有两层，第一层意思是媒介的“表征”含义隐退了，“工具性”的含义凸显出来。这种凸显是以媒介逻辑的形式、媒介化的思路扩散开来的。例如，报纸，人们关注的不再是报纸报道的内容，而是关注报道背后的逻辑。媒介逻辑成为一种新闻报道的理念，并最终转化为信息传播的普遍规则，既是媒介化的一种结果，也是媒介化的一个步骤。媒介逻辑是“由传播形式、媒介呈现和传播信息的过程构成。这种传播形式的因素包括多样的媒介以及由这些媒介所使用的格式（formats）。这些格式部分上是指材料是如何组成的、信息呈现的方式是什么，其焦点是强调一些特定的行为和媒介传播的法则。格式成为一种视野的框架，被用于呈现和解读一些现象”[①]。媒介逻辑体现在媒介报道的很多领域，如信息来源、报道策划、报道框架、报道话语、报道倾向等。一定程度上，媒介逻辑也改变了媒介文化的内涵和外延。随着新技术在信息传播领域所引起的种种社会变迁，媒介逻辑的影响力开始渗透到非媒介机构中来。在宗教，政治，体育、商业等相关机构中，社会现实按照媒介逻辑被建构出来。由此将媒体与其他社会机构的运行整合在一起。媒介逻辑是媒介化一个方面的呈现，而媒介化则意味着“对媒介逻辑越发依赖和服从”[②]。换言之，媒介逻辑在社会信息传播领域的普及化，是对媒介化思维模式具体化的一种呈现，媒介的物化便是在媒介化的路径中产生出来。因此也延展出媒介的物化的第二层含义：媒介化的社会现实成为一种媒介自身的现实。在这种现实中，媒介替代了事物本身，或者成为事物本身。在这样的现实中，媒介的物化不再停留在形而下的实践中，而成为形而上的一种社会和生活理念，甚至是逻辑。物自体转化为媒介体，时间和空间也内化为物体的时间和空间。大众媒介时代所缔造的时空“飘逸”感觉，瞬间消失了，“在场”或者“不在场”不再是个社会命题，而成为一个媒介命题。大众媒介与大众的关系也发生了改变，民众导向的媒介或者民众化媒介也只是概括了这种现实的一个方面。或许，其更为本质的影响在于对原有的媒介概念的冲击，这些业已“经典化”的改变现如今都成为一种“历史的”存在，在“历史的”时间和空间中，媒介拓展了社会，也拓展了人自身。

如果说，媒介的物化是指媒介被人们“剥离”了意义，成为一种工具性的指代，既是所指又是能指的话，媒介的这种物化过程同时也伴随着物的媒介化。按照学者拉什的看法，在全球化的文化工业中，媒介的

---

① Altheide D L and Snow R P.（1991）. Media Worlds in the Post journalism Era. New York，NY：Aldine De Gruyter. p. 11.

② Andres Hepp.（2011）. Mediatization，media technologies and the moulding forces of the media，The International Communication Association’ s 2011 Virtual Conference.

物化是一种将媒介“内容”转化为媒介“形式”的过程，在这个过程中，人们利用营销、社会网络、技术影响、社会体制以及国家与国家之间、地区与地区之间的差异，将各种产品转化为“媒介产品”，以实现跨域实体和无形边界的文化扩散过程。而物的媒介化则是全球化文化工业中物本身成了媒介、媒介的法则扩展到物自体上，媒介的物化和物的媒介化带来的后果便是“文化的中心地带同时受到了商品化法则和工业化法则的影响”[①]。工业法则和商业法则与文化相遇，促进了媒介的物化和物的媒介化的融合。拉什通过对7个对象的描述，分别论述了媒介物化的表现形式，如动画片《超级无敌掌门狗》《玩具总动员》和《掌门狗》的一些相关服装、商品和玩具比电影本身还流行，迪士尼、华纳和环球也进入了零售商品和主题公园等对象空间，这个过程类似于品牌融入零售商店、商场等对象空间。英国青年艺术家运动则在装置上利用了多媒体空间，这四个例子他认为属于媒介的物化。而耐克，switch手表和足球运动的全球化则体现了物的媒介化过程，比如耐克通过代言人在公共平台上展示了商标符号，而商标符号则利用多媒体改变了耐克产品的空间和时间，体验、商标、品牌和社会空间以及想象，共同将物品变成了媒介，即物的媒介化通过系列符号和流程就得到充分实现了。拉什在这里所说的媒介的物化和物的媒介化主要是基于“物流”和“时空”转换而言的，工业文明所坚守的法则和全球化和技术革新带来的“新”的商业法则，将媒介与物之间的关系进行了调整，物即媒介，媒介即物，在媒介化和物化中，媒介与物之间不但模糊了边界，而且还“交换”了“身份”，人们在这种“身份交换”中理解并“体验”着全球化和文化的扩散（diffusion）与离散（disposa）过程。无论是帝国与文化变迁，还是口头语言到书面语言的转移，抑或是私人书信到大众报纸乃至于广播电视、互联网等的转换，媒介这一概念在全球化文化工业的

① ［英］斯科特·拉什，［英］西莉亚·卢瑞著，要新乐译：《全球文化工业：物的媒介化》，北京：社会科学文献出版社，2010年版，第13页。

时间和空间中，不再是相对于“公”与“私”的平台问题，也不再是精英与大众之间的定位问题，更不是阶层之间冲突与斗争的工具，而是人们日常生活中的物体，它可以随时成为“媒体”也可以随时成为“物体”，媒介与物体之间在融化了原有地理边界、民族国家想象以及社会身份认知后，也完成了一体化过程，人自身也被这种一体化建构为“虚拟的存在”。

三、全球文化工业与本土化：我们如何“在场”？

如前所述，工业文明发端之初，文化还停留较强的阶层掌控中。农业文明保存的文化在工业革命的思潮中，被“淡化”了，而文化研究则延续了工业化的思路，展开了各个层面的领地扩张。19 世纪民族主义观念扩散的时候，农业文明也伴随着文化“精英”意识的选择导向，有了明确的分野。进入 20 世纪前半叶，这种分野不仅演化为传统社会与现代社会之间的命题，也一度转化为大众媒介与人的现代化的命题。随着媒介社会化过程的扩散与深入，媒介的民众化专向①与移动媒介的渐次出现，将信息、人与媒介在更为宽泛的含义上拓展开来，全球文化工业似乎是在“瞬间”成为另一种“近在咫尺”的“虚拟现实”。在这种“虚拟现实”中，“我们”如何“在场”？“我们”所“仰仗”的文化又如何“在场”并翻译与离散中显现出新的信息景观呢？对这些问题的回答，是在对物的媒介化与媒介的物化背景下拓展开来的。

如果说，媒介自身的发展与人类认识自身以及建构自己的文化乃至文明有深刻的关联性，但这种关联性的论述，似乎都是在“他者”视域中凸显的。就中国社会和历史发展而言，口语和书面语之间的变化以及与文化和帝国之间的关系，并没有成为媒介与文明发展之间关系的一个

① ［澳］格雷姆·特纳著，许静译：《普通人与媒介：民众化转向》，北京：北京大学出版社，2011 年版，第 5 页。

“此地”命题。因此，笔者所论述的物的媒介化与媒介的物化，就其发展脉络而言，尽管是以技术、媒介和人为核心展开的，却实质上处于了“空间”上的“缺席”状态。近代以来，媒介在中国社会中的发展基本沿袭了西方媒介的发展模式，并在20世纪上半叶达到了与西方媒介发展历史和制度重叠的地步。换言之，近代中国的媒介发展在19—20世纪主要是延续了国外的模式，没有工业革命却试图“完整”或者“部分”顺承工业文明的成果。大众媒介在20世纪前30年的发展，在一定程度上演变为媒介、大众媒介、精英话语与政党话语之间的冲突与交融。“我们”便是在这样的特殊历史现场中“凸显”出来的。媒介与战争相遇，也与社会制度的变革相逢，在20世纪后半叶将“我们”与“他者”之间做了屏蔽，在这种制度屏蔽中，人、信息、大众媒介与政府再一次进行了角色转换，由此文化成为各方角逐的对象。没有完整的工业革命，难以孕育出与“他者”话语相匹配的工业文明，在工业文明的“缺失”中，“封闭”信息成了一种应对媒介与人、媒介与“物”之间关系的选择。

同一时期，“他者”的目光却从未在全球化的视域中离开过。并将“我们”纳入“他者”的全球化格局中。这种格局一开始便与大众媒介的扩散有不可分割的关系。大众媒介在近代中国的发展，是以“他者”“凝视”的方式逐步实现的，在“凝视”中与民族国家的建构性想象结合起来，救亡与图存、政党与精英、城市与乡村、社会与大众二元新的媒介格局渐次形成。战争将媒介拖入了“内忧外患”的情境中，政府政党和商业精英在对大众媒介的角逐中、在城市与乡村的革命场域中，本土化的媒介现实成为可能，“我们”在全球化的“凝视”中“出席”并显示了“在场感”。

从全球与本土的媒介景观而言，“时间”和“空间”的阻隔在技术不断更新的“新”世纪这一现状开始隐退，媒介、大众媒介与人自身之间的关系显现了“整体性”的趋势。在工业革命的背景下，媒介在文化工业中的特征是表征的、是象征的、是真实的、是经验性的存在，而在全球化的文化工业中，媒介的特征是物化的、是真实的、是“物”获得生命权力的过程。在这个过程中，霍克海默和阿多诺认为文化工业是权力的阵地，权力对主体进行外部限定，其运作方式是机械的。而在全球文化工业中，权力有机地运作[①]。

四、重新获得地方感？还是去地方化？

在社会变迁和技术革新中，始终进行着乡村与城市之间的本土特色的变革，大众媒介在城市与乡村人口流动中，不仅与墙体标语、广告、大喇叭和小册子等形式对接，还将“本地”的意识与媒介的“时间”“空间”融合在一起。借助新技术及其带来的地球村、地球鸡、食品帝国等概念，本地化成为全球化的一个视域，全球化成为本地化的一种参考，媒介在这种视域中，跨越“空间中心主义”的阻碍，将时间维度放在一个平行线上，进行着自我审视，“我们”不再是“你”“我”“他”，人成为一个“此时此地”的“我们”，在这种现场中，原有的文化主体、文化对象、文化再现、文化现实转变为文化权力、文化生产与文化消费、文化的物化与文化的虚拟现实。全球化与本地化在物的媒介化与媒介的物化中，也将马克思眼中文化的上层建筑属性改变了，文化，不仅是此时此地的，同时也是彼时彼地的；不仅是生产的，也是被消费者和消费过程建构的；不仅是媒介的显现，也是媒体的物化；不仅是“他者”的世界，也是“我们”的世界，“在场”与“不在场”之间的边界在物的媒介中模糊了，作为相互参照物的“我们”，需要的是“瞬间”的“这一刻”。

---

① ［英］斯科特·拉什，［英］西莉亚·卢瑞著，要新乐译：《全球文化工业：物的媒介化》，北京：社会科学文献出版社，2010，第17页。

第十一章　流变：乡村文化的归途[①]

一、研究背景与研究问题

近代以来，乡土中国与现代社会之间的关联性是一个在学术和现实语境中都无法回避的问题。作为乡土社会根基之一的乡村文化，则是个有歧义的概念，其在理论和经验层面均面临诸多尴尬的困境。尴尬在于乡村文化的含义和边界始终无法确立；困境在于在城镇化过程中，乡村社会的变迁与镶嵌于其中的乡村文化之间弥漫着难以言说的冲突与张力。在提升国家治理能力过程中、在乡村振兴的视角下，乡村治理能力的相应提升，同时意味着乡村文化治理面临着更多的挑战。

乡村文化作为一种在乡土上生长的传统文化，是乡民在长期生产与生活实践中逐步形成并发展起来的道德情感、社会心理、风俗习惯、是非标准、行为方式、理想追求等的总和，表现为民俗民风、物质生活与行动章法等，这些都是农民生活的主要组成部分，也是其赖以生存的精神依托和意义所在[②]。乡村文化不仅满足和丰富了农民的日常生活，也构建起凝聚人心的精神力量，形成了抹不掉、忘不掉的文化记忆，是农耕

---

① 本章内容原载于《人民论坛·学术前沿》，2022 年 21 期，第 90-102 页。

② 杨同卫，苏永刚：《论城镇化过程中乡村记忆的保护与保存》，《山东社会科学》，2014 年第 1 期，第 68-71 页。

文明的重要组成部分。[①] 然而，随着20世纪70年代以来城镇化改革的持续推进，中国社会结构发生了重要变革，乡村社会的传统面貌与空间特征也随之发生改变。[②] 村庄的界限慢慢模糊起来，不同村庄的村民之间出现了杂居的趋势，导致村庄自然边界的模糊甚至消失，传统意义上的村庄正在消失。[③]

从农民视角而言，农业的现代化和农村的社区化是农民参与城镇化进程的结果，但却是农民被动参与的过程。[④] 在这个过程中，农民以各种方式离开了熟悉的社会关系网络，在陌生的场景中展开新的生命体验。这种生命体验既是乡村振兴中的潜在动力，也是乡村振兴人才培育的基础。但在这种新的生命体验展开的过程中，乡村社会的诸多属性也被遗弃、撕裂、转换或融合。

同时，也是在这个过程中，由于不再完全直接或间接从事传统农业劳动，农民与土地之间的诸多关系被切断了。随着这种关系的渐渐切断，与土地勾连的乡村文化生活对农民个体而言，便显得格外重要。本章试图讨论的问题是：当这种乡村文化生活与农民日益剥离的时候，即随着农民逐渐与土地分离、与村落的居住空间分离、与村落中的熟人社会关系网络分离，农民参与乡村文化的形式、渠道与动机发生了怎样的变化？这种变化可以为反思乡村振兴视角下的城镇化、反思当下的城乡关系提供何种借鉴？

从实践维度来看，乡村文化是指以村民为主体、以村落为场所，在乡村社会的经验世界正在发生的文化实践形式。这些文化实践形式有广

---

① 吕宾：《乡村振兴视域下乡村文化重塑的必要性、困境与路径》，《求实》，2019年第2期，第97-108页。

② 李友梅：《快速城镇化中的乡土文化转型》，上海：上海人民出版社，2007年版，第1-10页。

③ 吕效华：《变迁语境下农村文化可持续发展路径选择》，《科学社会主义》，2014年第1期，第81-84页。

④ 周飞舟，王绍琛：《农民上楼与资本下乡：城镇化的社会学研究》，《中国社会科学》，2015年第1期，第66-83页。

义和狭义之分。本章主要指的是狭义的文化实践形式，包括村民认知系统中的文化形式，如传统戏曲、节日的文化仪式，以及一些正在实践的文化形式，如唱歌、跳舞、诗歌朗诵和其他民间的社会文化活动等。

对上述问题，笔者认为将之放在经验（史）视野中考察最为恰当。在文化变迁中，唯有个体的经验是连续的。“经验的丰富具体性在今天面临的最大挑战依然是，经验在形成的同时，几乎就面临着被现代一般观念化约的威胁。”① 费孝通先生在《江村经济》一书中指出，“任何变迁过程必定是一种综合体，那就是：他对过去的经验、他对目前形势的了解以及他对未来结果的期望”②。经验既是动态的，也是连续的；既包含了个人记忆的选择，也包含了个体对未来生活的设计。透过经验视野分析农民在城镇化中对诸种文化生活的感知、体验、描述与记忆，反思城乡之间的文化勾连在何种意义上是连续的、动态的，具有一定的历史和现实意义。

对正在发生巨变的乡村文化，从理论视角进行反思或者从政策层面进行解读，固然各有优势，但从正在经历迁移的村民的经验（横向与纵向）角度考察乡村文化实践在流动的乡村社会中的形式及其变化，能更加丰满地呈现城乡文化勾连的动态特征。从这种动态特征中折射出来的文化实践，不仅是乡村文化历史变迁的鲜活佐证，而且可以成为当代中国文化变迁的有力标志。

基于此，本章将从乡村文化秩序的维护、传统文化的部分延续、乡村文化组织的传播媒介变迁以及乡村文化活动经费的变动几个方面对上述议题进行观察、描述与分析，以避免当下经验的碎片化，并将历史性经验赋予当下的实践之中，使对乡村振兴中乡村文化变迁的研究更具动态性与历史感。

---

① 舒可文：《经验史书系》，北京：中信出版社，2020年版，总序。

② 费孝通：《江村经济》，北京：商务印书馆，2018年版，第21页。

二、资料来源

笔者从2011年开始参与中国农业大学在北京市郊区进行的农民观念提升工程。该工程的主要目的是帮助农民应对即将发生的村落城镇化过程中的生活、心理、职业等方面的问题。2012年，只有少量村落拆迁，大部分村落处在等待拆迁状态中。在后续几年中，拆迁村落不断增多，等待拆迁的村落也日益变多，未拆迁的村落渐渐成为少数。从2011年到2020年，农民培训工作持续了10年。其间，笔者通过直接授课、参与式观察、深度访谈、焦点小组、座谈会等形式获取了诸多一手资料。同时，笔者参与了对村落文化组织员的专项培训（2015—2017年），并针对不同乡镇乡村文化的诸多实践形式，于2018—2020年进行了实地调研。此外，笔者于2019—2020年，对其中一些村落进行了乡村文化的实地调研，选取的村落既有拆迁村和未拆迁村，也有正在拆迁中的村落。

这三种类型村落的变迁，以及变迁中的乡村文化实践的形式可以较为全面地从经验史角度，展现中国北方村落的乡村文化变迁态势。本章基于对这三种村落的考察展开，其中A村为已经完全拆迁的村落，B村为正在拆迁中的村落，C村为还未拆迁的村落。

A村，是一个700多人的村庄，全部拆迁，村民已全部搬迁到一个集中小区里，从农业户口转为非农业户口，但仍然属于村委会管辖。村里有地，但都已经被集体流转。村民不再耕种土地，家庭经济收入来源为外出打工、房屋出租和土地流转收入。

B村，是一个在拆迁中的村落，有1 000多人，村里的房屋已经拆迁，但是村民的回迁房还没有盖好，村民就在周围分散租房，村里的土地集体流转了，村民以外出务工为生。村委会还在原地办公。

C村，是一个只有500多人的村庄，没有拆迁，村民依靠土地流转和务工（务农）为生，村里还留下1/3的土地由村民耕种。村民白天外出务工，晚上回村，部分村民还在从事传统农业劳动。

三、文献回顾：乡村文化的历史与现实

改革开放以来，随着农民进城的步伐，农民与土地逐渐发生剥离，农民的乡村记忆与城市体验的冲突造成他们在身份认同上的困惑。[①] 与此同时，在与城市接轨的过程中，农村的“劣势”也在逐渐扩大，对于文化而言，在经济发展中边缘化，已成为一个隐性的、事关乡村社会发展的关键问题。[②] 在这个过程中，乡村文化的发展现状通常有积极和消极两种研究视角。消极的研究视角提出乡村文化衰落论，积极的研究视角则提出乡村文化发展论。

乡村文化衰落的原因主要有两种归因模式：第一种是城镇化和市场化的影响。一方面，农民的价值准则趋利化与道德市场化[③]，乡村社会中充斥着消费主义和生存的无意义感[④]；另一方面，随着年长者在乡村文化秩序中迅速边缘化，乡村文化面临传播主体缺位的困境[⑤]。第二种是政策导向导致的资金投入不足。在政府主导的文化建设中，偏重于以城市本位的城乡统筹政策导向，乡村文化建设的投入不足，[⑥] 使得当下的乡村文

---

① 杨同卫，苏永刚：《论城镇化过程中乡村记忆的保护与保存》，《山东社会科学》，2014年第11期，第68-71页。

② 徐晓军，张必春：《当代中国农村文化的风险与危机》，《学习与实践》，2007年第8期，第152-158页。

③ 陈文胜：《城镇化进程中乡村文化观念的变迁》，《湘潭大学学报（哲学社会科学版）》，2019年第4期，第109-113页。

④ 贺雪峰：《乡村建设的重点是文化建设》，《广西大学学报（哲学社会科学版）》，2017年第4期，第87-95页。

⑤ 丁永祥：《城市化进程中乡村文化建设的困境与反思》，《江西社会科学》，2008年第11期，第212-214页。

⑥ 卢婷婷，翟坤周：《城乡二元结构下的农村文化建设：现实逻辑与动力机制》，《新疆社会科学》，2012年第5期，第105-112，152页。

化实践常常将文化淹没于物质力量和资本逻辑之中①。当下乡村文化所呈现的文化认同危机，与国家作为外来力量对于地方性文化活动的直接干预密不可分，此种干预行为的根本意义在于极端化地抛弃地方村民长久以来保留下来的地方性的文化和娱乐形式，并将其平和地转变成为国家认同所许可的文化表达形式②。

在这一研究视角下，乡村文化的边缘化意味着文化传承主体的丧失，"半熟人社会"中的农民不断拉远与村庄的空间距离，对乡村文化的认同感与归属感亦随之衰减③。在以城市化、现代化为指标的评价体系中，乡村及其文化往往被视为落后、改造的对象，导致其真正的价值和意义往往被忽视④。在乡村文化与城市文化冲突、本土文化与外来文化冲突、主流文化与亚文化冲突中，乡村文化始终处于弱势地位⑤，不断受到以城市文化为中心的外来文化的冲击，使得原有乡村文化秩序土崩瓦解，一些文化形式正逐渐从农村消失⑥。

乡村文化发展论的学者指出，乡村文化发展有两条主要路径，第一条路径是文化"再生产"路径，第二条路径是乡村文化主体再造路径。乡村文化发展论学者认为，第一条路径是乡村文化发展的主导路径。

持乡村文化"再生产"路径的研究者认为，农村的大量消失并不意

---

① 翟坤周：《后全面小康时代乡村振兴的"文化想象"：意蕴、场景及路径》，《北京行政学院学报》，2020年第6期，第10-19页。

② 赵旭东：《文化认同的危机与身份界定的政治学——乡村文化复兴的二律背反》，《社会科学》，2007年第1期，第54-62页。

③ 李磊，俞宁：《人口流动、代际生态与乡村民俗文化变迁——农村新生代影响乡村民俗文化变迁的逻辑路径》，《山东社会科学》，2015年第11期，第97-101页。

④ 李松：《城镇化进程中乡村文化的保护与变迁》，《民俗研究》，2014年第1期，第8-10页。

⑤ 卢婷婷，翟坤周：《城乡二元结构下的农村文化建设：现实逻辑与动力机制》，《新疆社会科学》，2012年第5期，第105-112，152页。

⑥ 徐晓军，张必春：《当代中国农村文化的风险与危机》，《学习与实践》，2007年第8期，第152-158页。

味着乡村文化的消亡，相反，乡村依然是人们心灵的寓所[①]，乡村文化自身的传统并未断裂[②]。在乡村原生稳态的环境被改变后，乡村文化的传承也呈现出动态的特征，乡村文化是以“再生产”的模式来重建和更新的[③]。公共文化服务体系建设与优秀传统文化传承发展两大国家战略，是介入乡村文化“再生产”秩序的重要“他组织”力量[④]，因此，呼吁建立乡村退出制度，重构乡村文化再生产空间[⑤]、关注文化供给侧方面的问题[⑥]、乡村文化治理的媒介化转向[⑦]、乡村文化的外化路径[⑧]、摒弃乡村基层组织对乡村文化的“选择性漠视”。[⑨]

关于当代乡村文化的再生产问题，学界的研究呈现出“自上而下”和“自下而上”两种路径。基于自上而下的视角，学者们主要关注了国家力量在乡村生产中自上而下的作用。如有学者通过对“城市文化下乡”的研究，认为其并未实现乡村本土文化的繁荣发展，反而形成了包括行政逻辑导向下的价值困境、“发展主义”视角下的功能困境与“他者”视

① ［法］孟德拉斯著，李培林译：《农民的终结》，北京：社会科学文献出版社，2005 年版，第 5 页。

② 孙庆忠：《离土中国与乡村文化的处境》，《江海学刊》，2009 年第 4 期，第 136-141，239 页。

③ 赵旭东，孙笑非：《中国乡村文化的再生产——基于一种文化转型观念的再思考》，《南京农业大学学报（社会科学版）》，2017 年第 1 期，第 119-127，148 页。

④ 闫小斌，范红，闫毅：《乡村文化再生产的秩序重构》，《图书馆论坛》，2020 年第 1 期，第 8-14 页。

⑤ 高静，王志章：《改革开放 40 年：中国乡村文化的变迁逻辑、振兴路径与制度构建》，《农业经济问题》，2019 年第 3 期，第 49-60 页。

⑥ 孟祥林：《“离土背景”下乡村文化发展的力量组合与发展对策》，《合肥师范学院学报》，2019 年第 9 期，第 26-33 页。

⑦ 沙垚：《乡村文化治理的媒介化转向》，《南京社会科学》，2019 年第 8 期，第 112-117 页。

⑧ 高山，谈国新：《乡村振兴视域下的乡村文化：一种研究思路》，《长春大学学报》，2019 年第 11 期，第 79-82 页。

⑨ 顾海燕：《乡村文化振兴的内在动力与外在激活力——日常生活方式的文化治理视角》，《云南民族大学学报（哲学社会科学版）》，2020 年第 1 期，第 52-57 页。

角下的行动困境①。也有学者对此类观点不完全赞同，指出在乡村文化再生产与传播实践过程中，国家自上而下的显性制度引导与隐性的农民个体文化传播实践间纵然存在着合作与冲突，但这种合作与冲突也构成了乡村基层治理中的一种新路径②。另外，基于自下而上的视角，研究者基于对乡村文化组织的观察发现，农民自发形成的文化大集、节假日自组织的文化活动、村镇文化活动，再造了一种新的公共文化形式和文化空间；在此过程中，村落的文化组织员在农民和政府之间扮演了中介角色，他们在一定意义上正在重塑中国乡村文化的实践逻辑③。

持乡村文化发展再造主体路径者④认为，只有立足于现存社会内在需要和社会文化观念至上的农村社区，才能够将农民从情感认同但组织上孤立的状态中解放出来，造就社会凝聚力、社会认同感⑤。

现有文献主要是侧重于传统-现代二元分立中的乡村文化困境、从中国改革开放以来乡村治理的背景入手来提出各种观点的。无论是发展论者还是衰落论者，其研究思路都是针对结构化困境提出的解决路径。就方法论而言，当下研究主要以质性研究为主，由于经验资料的非连续性、断裂性和片段性，导致现有研究整体呈现出一种断裂化与碎片化的趋势。

本章从经验史的角度，以城乡变迁中人的迁移为背景，从城乡勾连的视角观察乡村文化的处境及其发展，在秩序层面、组织层面、形式层面以及资本层面进行了逐一描述，最后进行系统化的解析。

---

① 罗哲，唐迩丹：《农村公共文化服务的结构转型：从“城市文化下乡”到“乡村文化振兴”》，《四川师范大学学报（社会科学版）》，2019年第5期，第129-135页。

② 李红艳，吴洲钇，牛畅：《乡村治理视角下乡村文化的生产与传播——基于北京市郊区农民宣讲团的案例分析》，《新闻与传播评论》，2019年第1期，第50-61页。

③ 李红艳：《当代乡村文化生产的实践特征及其理论价值》，《人民论坛·学术前沿》，2018年第13期，第58-67页。

④ 季中扬：《乡村文化与现代性》，《江苏社会科学》，2012年第3期，第208-212页。

⑤ 孙斐娟：《进入现代世界的农民文化命运与新农村建设中的农民文化认同再造》，《社会主义研究》，2009年第6期，第71-75页。

四、秩序层面：行政引导与节日“节奏”

乡村文化在不同的区域，虽然有不同的形式，但始终维持了或隐性或显性的秩序，尽管快速的城镇化和工业化进程在不断解构着传统乡村文化的秩序价值，乡村文化逐渐失去了认同的基础，传统道德日益碎片化，乡村精英的标杆意义也日渐衰落①。原有的一系列庆典活动，如春节、中秋等民俗，本是与农耕社会下的生产与生活相对应的，这些活动同时也是乡土文化的载体。在北京郊区，一些乡村传统文化的活动周期虽然有差异，依据传统节日组织相关的文化活动，几乎是所有村落的乡村文化活动运作的程序。在这种程序中，村委会或者是依照镇里的布置，或者是村民自发，或者是采取二者结合的形式组织文化活动。

镇里的文化比赛活动，是以村为单位组织的，每个村派一个队伍参加比赛。拆迁村、未拆迁村和半拆迁村都必须参加。在所有村落中，各种节假日是乡村文化活动组织的节点。镇里要求在几个传统节日和法定假日，五一、十一、清明、元旦、春节，正月初十的花会等这些传统节日各个村落都要有文化活动，或者根据节气来临时举办各种文化活动。比如：红歌比赛是七一举行，由镇里组织，各个村参加比赛；武术则是镇里组织展演。每年的一月，还有农民的才艺演出比赛，各个村要向镇里上报节目。每年年终，镇里组织村里举行各种各样的文化活动，相邻村联合举办晚会、运动会、歌舞等活动很密集。政府组织培训活动，每个镇也会在年终组织村落进行汇报演出，村民们写三句半、跳舞、撰写歌曲等进行创作与公开演出。概括而言，无论是拆迁还是未拆迁，村落的文化活动秩序的主导者是区、镇政府，具体实施单位是镇里的文体中心。

---

① 赵霞：《传统乡村文化的秩序危机与价值重建》，《中国农村观察》，2011 年第 3 期，第 80-86 页。

当节日“运作”乡村文化的节奏时，对正处于拆迁中的村落而言，各个村落的文化活动尽管也是以这种节日仪式的行政组织为主导的，但呈现出不同的特点。这一方面与村落原有的文化传统有关系，另一方面则与村落居民与原有村落居住空间之间的分离有直接关联。同时，镇里按照节假日秩序对于文化活动秩序的设置，一定程度上与乡村社会对时间的认知有直接的关联性。行政引导与节日秩序之间是村民在日常生活行为的潜在延续。

比较而言，A村在拆迁之前，村里的文化活动自20世纪80年代至今变化不大，村里没有集会和庙会等民俗活动。拆迁后，乡村文化活动的组织主要是按照镇里布置的任务来组织的。

> 镇里怎么安排，我们就怎么干。一般来说，村妇联有跳舞唱歌活动。（A村妇女主任兼文化组织员）
>
> 有交叉工作的话，比如技能培训，也会与其他村联合起来完成。文化活动的主要形式是广场舞和健步走。村民不好组织，一旦组织起来，就要多项工作一起完成。（A村就业专干）

节假日的文化活动，歌舞、歌咏比赛是主要形式，而五一、七一、十一等则是组织乡村文化活动的主要时间节点，由镇里布置或者村镇联合开展文化活动，还有一些结合当地的社会生活需求而进行的，如文明家庭、最美妈妈、最美婆婆等评选活动。

B村处在拆迁过程中，村民们已经搬走了，只有村委会所在地还保留着。因此，文化组织员组织文化活动的时候，地点都设在村委会。拆迁导致村里完成镇里的文化活动任务变得更加困难。村民分散在不同地方，村里组织统一的活动，因为居住空间的分散，组织文化活动的困难性增加了很多。

> 这几年村民居住分散，文化活动还是以村委单位组织，比如我们组织广场舞，都是五六十岁的村民参加，共有11个人，

我就开车去拉人集中练习，不考虑钱和往返的问题，只考虑安全问题，练完了我再把她们拉回去，因为村委会还没拆迁，我们就在这儿练习。（B村的文化组织员）

B村分散居住之后，一些文化活动采用分散的形式进行，村民去公园集中，以秧歌、唱歌、交谊舞等形式。分散的文化活动主要按兴趣组织的、以日常性文化实践为主。比如B村村民分散在几处，有些分散的小区里有十几户村民住在一起，其中，有村里原来的文艺骨干，他们在小区组织广场舞，合资购买一个录音机。这样的文化组织形式，无形中对原有的熟人社会关系网络形成了冲击，渐渐地节日性的周期文化活动呈现出衰落趋势。

C村还未拆迁，村民集中居住，但是村庄在新农村建设过程中做了整体规划。村里有一条主街道，横穿南北，村北口有牌楼，村庄的主街道两旁是设计精美的宣传栏，宣传栏的漫画内容集中以民间歌谣的形式宣传传统乡村伦理观念，如尊老爱幼、孝敬父母、热爱祖国、热心公益等。村里年纪较大的村民，或者种地，或者从事村里提供的公益性工作。年轻村民早上外出打工，每天晚上返回村里。与拆迁村和半拆迁村相比，镇里针对未拆迁村文化活动的引导和组织形式有所不同，除了根据节日和年终节点组织各种文化活动外，镇里还安排了诸如文艺活动下乡、电影下乡等。集中居住的未拆迁村会和相邻的村落联合起来举办一些文化活动。

从这3个村落的情形来看，村落里的文化组织活动主要由镇里的文体中心进行协调和组织。村里的文化组织活动，拆迁和正在拆迁的村组织起来，确实困难。村民的日常生活秩序发生了改变是主要原因。未拆迁村的文化活动，组织起来相对容易，因为村民居住集中，尽管如此，村民们并非都有兴趣参加，组织起来需要动员。比如，镇里每年会组织10部电影在村委会大院里放映。村民们可以选择自愿去看，未拆迁的村民还有意愿去看看，已拆迁村的村民，就很少去参加了。

概括而言，村落文化秩序的维护，主要是以传统的节日和法定节假日活动结合来延续和保持的。传统节日中的文化活动，以春节为中心。节假日的活动主要以五一、十一或者三八妇女节等不定期举行活动来补充。由于节日秩序在村落的生活中扮演着调节乡村日常生活的功能，根据节日的节奏组织文化活动，符合村民日常生活的组织节奏，组织过程中行政引导和村民自愿是结合在一起的。这种围绕节日仪式的组织和引导形式，恰好体现了乡村文化在乡村社会城镇化中面临的诸多挑战，这些文化形式的革新一定程度上也折射出这种挑战来。在节日仪式之外，镇政府会根据本地的一些活动，比如集市、庙会等其他形式，组织村民进行文化创作和比赛活动，这些文化创作活动的举办时间也通常是围绕节日时间点进行，一般在年末举行。

从上述 3 个村落的比较分析可以看出，乡村文化的主要活动场所是在村落地理空间。随着村落地理空间的消解、分离与断裂，乡村文化的空间载体也跟着发生了碎片化。政府通过节假日和其他一些日常文化活动的行政化组织，对于村落空间碎片化的现象是一种挽救。这种挽救是以行政主导、“迎合”村民的生活习惯来进行的，但依然是一种“运作形式”。

五、组织层面：被动的有计划适应

费孝通指出：“在乡土社会中欲望经了文化的陶冶可以作为行为的指导，结果是印合与生存的条件。但是这种印合并不是自觉的，并不是计划的，乡土文化中微妙的配搭可以说是天工，而非人力，虽则文化是人为的，这种不自觉的印合，有它的弊病，那就是如果环境变了，人并不能做主动的有计划的适应……”[①] 变迁中的村落，旁观者的眼光与村民本身的眼光之间，有着一种“不适应”的距离，这种“不适应”的距离便是：计划中的房屋拆迁与个体农民对即将到来或者已经到来的“新”生

① 费孝通：《乡土中国 生育制度》，北京：北京大学出版社，1998 年版，第 85 页。

活之间，出现了主动与被动的有计划的适应的差异。这种差异，换一个词语，便是“不适应”的距离。在这种“不适应”的距离中，虽然依然是围绕节日礼仪来组织文化活动，但是，一个不可逆转的趋势是乡村传统文化形式正在走向衰落。一些新的文化形式，诸如唱歌、跳舞以及与之相关联的运动会、健步走等，逐渐成为文化主导的形式。

村落中有一些传统的文化形式，这些文化形式主要有两种模式延续：一种是家庭延续的模式。一些地方文化的样式通过家庭代代相传的形式维持着；另一种是以村落集体文化的形式维持。行政组织和民间自发联合起来，共同维持着原有的文化形式。这两种模式在拆迁之后，都遭遇到了挑战。

比如小驴会和小车会，这是北方农村地区比较传统的文化样式。用村民的话来说：

> 小驴会是由两人抬纸糊的驴车，一个推车一个拉车，其实就是走着，但好像是坐车、骑驴。有的还一小轮或者驴脑袋，挺形象。村子拆迁之后，就没法组织了。现在年轻人你让他弄，连小鼓都敲不上来。一般都是岁数大的参加。像咱们这年纪的人还能组织起来，再往后，可能都不知道有这个（形式）了。（B村文化组织员）

再如C村有一个传统文化形式：文武吵子。这种传统文化形式中有打鼓的、唱曲儿的。

> 这是村里老一辈传下来的，春节期间，除夕大伙联欢，初一给大伙拜年什么的，就打文武吵子，挺热闹的。村里想把这个传统文化形式延续下来。文化组织员把谱子印出来了，打印了30多份，谁愿意就去参加。（C村村委会主任）

2020年以来，随着新型冠状病毒性肺炎疫情的影响，人群积聚性的文化形式，如庙会、乡村集市等都被取消了。虽然后来恢复了一部分，但是这种“临时中断”改变了农民们的日常行为。

在这些渐渐衰竭的文化形式中，逐渐被加入了新的文化要素。村落里，根据节日延续的一些新的文化形式，比如村里的春节联欢晚会，在很多村落延续了很久。C村的春节联欢晚会从2000年开始举办第一届，至今已有20多年了。春节期间外出务工的村民基本都回来了，年轻人很多，晚会上人们唱歌、跳舞、朗诵诗歌、表演话剧等，自愿参加，十分热闹。

C村的妇女主任兼任文化组织员，是一位中年女性，十分喜欢文化活动。2018年三八妇女节时，她组织村民开茶话会，“买点花生、瓜子、橘子，在礼堂把所有妇女集合起来，参加者自愿，想唱歌就上台去唱，想跳舞就去跳舞。”2019年C村继续办了三八妇女节活动。广场舞形式成为村落的一种普遍文化形式后，C村村民们还根据参加广场舞的场景创作了诗歌：

> 红日落下了西山，月牙儿悄悄爬上了天。夜空的星儿偷眨着眼，俯着身儿屏气静心向村街内看。村委会大院内，几盏白炽灯亮闪闪光灿灿，灯下舞迷们扭得美、笑得甜。播放器唱着“民族风”，舞迷们步调一致气冲霄汉。悠然刮来一阵夜风，柳梢儿，情不自禁手舞足蹈来演练，一用劲儿甩掉下睡懒懒的蝉。……小青蛙轻快蹦出塘不再做声响，小蟋蟀轻轻儿跃上小草的尖，呆呆地瞪直了眼，告诫同伴儿别乱唤。群星璀璨给今夜放出溢彩，啊——梦在仙境中。男人女人乐开了怀，让世界充满了爱。

通过诗歌可以看出，在没有拆迁的村落中，即便是广场舞这样的文化形式，因为其举行的场所通常都在村委会大院或者村落的中心地带，起到了凝聚村民、重塑村落共同体的作用。而已经拆迁或者正在拆迁的村落，即使举行着同样的广场舞，因为其场所的转变，反而仅仅成为一种文化形式，脱离了原有的村落空间和生活背景后，唱歌、跳舞等形式中，诗歌中所蕴含的喜悦渐渐消散了。

费孝通先生有一段话描述了这种感受：

> 在人们心目中，停止这些庆祝活动，直接说明了社会生活的下降。由于他们期盼着过去的欢乐日子复而再来，所以他们不会拒绝任何可能采取的改善社会生活的措施。对社会变迁不会发生强大的阻力，上述这种心理至关重要。①

因此，延续着的乡村文化形式，无论是传统还是现代，都意味着农民可以维持原来的生活状态。一旦脱离了这种文化生活，他们的心理便会有失衡的感知，这种失衡的感知在“不适应的距离”中，或许是乡村文化在变迁中不断延续的心理根基吧。

六、形式层面：技术传播与熟人退场

研究指出，在乡村文化的传播中，他者视角则较为突出，乡村作为被拯救的对象、被教化的对象出现，要从内生性视角重新审视群众文化活动②。应该把乡村文化传播作为乡村传播的一个分支进行关注③。因为乡村文化不仅满足和丰富了农民的日常生活，也构建了凝聚人心的精神力量，形成抹不掉、忘不掉的文化记忆，是农耕文明的重要组成部分④。但是，随着居住空间的变化，从原来居住在一起，到分散居住，不仅增加了人员组织的难度，也改变了村民之间的交流方式。这种乡村文化活动的组织，仅仅是依靠行政引导的话，部分村落的文化活动变得十分被动，甚至是处于停滞状态。

---

① 费孝通：《江村经济》，北京：商务印书馆，2018 年版，第 120 页。

② 沙垚：《乡村文化传播的内生性视角：“文化下乡”的困境与出路》，《现代传播—中国传媒大学学报》，2016 年第 6 期，第 20-24 页。

③ 沙垚：《乡村文化传播》，《新闻与传播研究》，2015 年第 12 期，第 101-108 页。

④ 吕宾：《乡村振兴视域下乡村文化重塑的必要性、困境与路径》，《求实》，2019 年第 2 期，第 97-108，112 页。

在未拆迁的村落中，村落之间也有较大的差异。传统农业生活保持完整的乡镇，乡村文化活动整体比较丰富，富有层次性。拆迁之前，村落的通知，大喇叭是比较常用的媒介，上门面对面通知在乡村文化活动组织中依然占主导；拆迁之后，微信群通知为主，面对面通知为辅；村落拆迁了，村民居住太散，每个村都有微信群，村里的喇叭已经成为一种补充的，或者消失的形式。

A 村拆迁 5 年了，村民们与居住在一个小区的其他村的村民们，就在楼下自娱自乐。

> 每天上午、下午，小区都有活动，如果说组织村里边人全都来参加活动，现在也不可能了。只是在微信群里说说，活动没法办了。（A 村文化组织员）
>
> 我们村里面有个微信群，有时候发点什么信息通知，社保的、招聘的，还有其他什么福利待遇，一般都是在村微信群里。一家一个人进群，就是本村人，做主的人。一般上边的通知，各口有各口的工作群。我现在掌握了全村人的电话号码，联系不上就打电话。（A 村党支部副书记）

B 村的文化组织员说起没有拆迁的时候很激动：

> 晚上天天这样在村广场乐呵。不但在大喇叭进行通知广播，还会发通知到户，就是印个单子，发到各户，确保每个人都能看见。打电话通知的是多数，过去没有微信群，即便有微信群，也是少部分村民参加，因为不一定所有人都玩这个，年龄稍微大点儿的，就用不了这个微信。

不加入微信群的村民，除了年龄之外，另一个重要的原因是：村民们现在看重隐私，觉得微信号是隐私，不想公开，但是会留下电话号码。还有的村民觉得和其他村民关系不好，不愿意进同一个微信群。

没有拆迁的 C 村，充满了一片祥和的气氛。熟人社会的关系网络将村民“牢固地”关联在一个社会网络中。村民与村民之间的黏合度较高，村民外出务工也是在附近，村庄常住人口长期以来变化不大。在熟人社会中，村民们的行为围绕着人情关系展开，行为准则是人情本身的规则，这种人情取向的行动规律就是“乡土逻辑”。①

出去扭秧歌，大喇叭通知一遍。七十多岁的村民也参加，不都是年轻的，哪有那么多年轻人呀！看活动人数来看看怎么通知，比如跳广场舞就大喇叭通知。跳舞十多个人就不用大喇叭通知。村民来看跳舞的人很多，一般吃完饭没啥事就去了。活动场所不一定，可以随时变化。（C村文化组织员）

随时变化的位置，因为人情取向而变得十分灵活机动。

无论是拆迁与否，各村活动基本上大同小异，因为都是镇里组织的，每个村都要参加。在行政组织之外，也有村民自发的文化活动，“村民晚上业余时间找个有路灯的地方自己跳舞玩。自发的文化形式就是跳舞和唱传统戏剧，比如评剧、河北梆子等”（C村就业专干），村民自发组织的文化活动，也有两种通知形式，一种是面对面的传播，另一种就是微信群的形式。

概括而言，乡村文化的组织媒介，面对面的串门入户、大喇叭和微信群共同扮演着重要的角色。拆迁后外来者的共同居住，也会形成新的文化组织形式，这种新的文化组织形式使微信群成为主导的组织形式，大喇叭和面对面的传播，其地位渐渐被取代。

七、资本层面：资本与荣誉

改革开放以来，随着市场观念在乡村社会中深入渗透，人与人之间

① 陈柏冯：《熟人社会：村庄秩序机制的理想型探究》，《社会》，2011年第1期，第223-241页。

关系中的经济因素越来越凸显其力量。市场经济要求是互补性的邻里问题，文化意识也成为一个新的问题[①]。无论是乡镇之间还是村委会与村民之间，付出与报酬之间的衡量指标越来越向经济获益倾斜，农民的经济行为仍然是理性的[②]。对于乡村文化的组织与参与而言也是如此。

从前述三个村落的调研以及笔者对其他村落文化组织员的访谈发现，无论是拆迁前还是拆迁后，乡村文化的经费使用与村委会主任和村党支部书记对于文化活动的态度有直接关系，形成了镇与村之间在文化经费上的一种博弈。拆迁后的村落，文化活动经费因为村落本身空间的消失，经费也被"上移"到镇里了；正在拆迁中的村落和还未拆迁的村落，文化经费依然是由镇里发放到村里，经费使用与该村村委会本身的管理形式直接关联。

就前述三个村落而言，虽然A村拆迁5年了，但还保留了村集体资产。由于原来村落的文化基础设施都建在村落空间中，A村没有文化基础设施了，拆迁后村民分散居住，使得以集中场所在村里建设文化基础设施的可能性消解了，文化基础设施的经费也被"挪移"到镇级层面了。比较而言，A村拆迁5年后，唱歌跳舞等比赛项目都比原来的村落组织增多了，这些比赛类的文化活动主要是村委会为了配合完成镇里布置的文化活动而组织参加的。由于原有的村落拆迁了，村民们已经不再集中居住在村落这一空间里，村里没有相应的经费，村民就只能自娱自乐，自愿参加文化活动的积极性降低了很多。

> 参加文化活动，偶尔会发个衣服，发个小奖品。就是没有钱。如果需要演出服，有时还要自费购买。村里反正拆完了就没有经费来源了，镇里说发就能发，说不能发就发不了。村里的公章拆迁后都放在镇里。（A村妇女主任）

---

① 释然：《文化与乡村社会变迁》，《读书》，1996年第10期，第54-59页。

② 韩喜平：《关于中国农民经济理性的纷争》，《吉林大学社会科学学报》，2001年第3期，第22-29页。

无论是拆迁前还是拆迁后，依靠自愿原则来让村民参加，本身就十分困难，因为青年村民主要外出务工，只有下班才会回来，往往没强烈的动机参加，除非有较大的经济收益。但是，乡村文化活动的组织常常是经费缺乏，或者经费为零。“组织舞蹈比赛一类的服装基本自费购买的，在 100 元以下。没拆迁之前，组织文化活动的时候，参加的都是有兴趣的人。拆迁之后，也不好组织，年轻人没空，40 岁以下的人上班，五六十岁的人在家带孩子”（A 村文化组织员）。

A 村虽然拆迁了，因为还要参加镇里布置的文化活动，并与其他未拆迁、正在拆迁的村落一起比赛，村里的文化组织员很想获得好成绩，但是经费短缺、人员分散使得文化组织员常处在有心无力的状态中。其他村落也有类似的困境。

C 村还保留着传统村落的一切元素，村里的活动广场供村民们自发组织娱乐，村委提供场地和娱乐用具。但是乡村文化活动的针对性不强，很少有专门针对妇女或老人等的文化活动。因为 C 村文化活动经常在镇里和区里获奖，还没拆迁，村委会可以给予积极的支持。这些资金主要用来买服装道具，要用发票报销，审查很严格。C 村村委会有文化资金专项，小型文化活动每次支持 1 000 元，大型的文化活动根据预算进行调整。参加镇里组织的文化活动，镇里会拨点资金，但这个资金是打到村委会的账户里。村里的文化组织员向镇里的文体中心反映，是不是可以将比赛的奖金发给文化组织员，这样他们才有支配权，但镇里规定经费必须走村集体账户，不能走个人账户，每次活动经费 3 000～5 000 元。

这种镇与村之间的经费博弈也使得乡村文化的活动组织陷入了被动的困境中。这种困境对于三种类型的村落是一样的。

出现镇与村之间的经费博弈问题，主要是因为镇里的文体中心与村里的书记主任之间没有行政隶属关系。文化组织员主要由女性担任，承担任务一般都是出于个人兴趣。虽然报酬不多，但对他们而言意味着身份的被承认。这种被承认的感知，支撑他们兴趣与名誉。

研究指出，当代中国乡村文化生产实践呈现出行政性，重新秩序化与自组织性三种特征[①]，乡村文化是乡村秩序的基础，在从传统向现代的演变中，乡村文化的传承变成了一个动态的过程，但其文化的本质会持续存在[②]。“乡民虽然人在乡村，但其灵魂处于‘飘浮’状态，并没有将祖祖辈辈留传下来的精神根基保留和传承下去。”[③] 因此，虽然经费是一个中介因素，但触及了乡村社会变迁的脉搏。原本将乡村文化活动看作生活一部分的年长者，因为有各种羁绊，没有奖励就没有兴趣参加；而年轻人，无论是时间和兴趣都使得他们转换了娱乐的方向，乡村文化的活动无法吸引他们来参加。尽管经费是一个尴尬的因素，但如果仅仅经费充足是否会使得当下的乡村文化活动组织呈现出生机勃勃的趋势呢？这一点，还需要继续探讨。

八、结论与讨论

结论

文化作为社会、经济活动的“深层脉络和意义结构”决定了表层的规则和运作方式[④]，就这个意义上而言，如何重塑乡村文化、建设乡村文化，理应成为当下乡村社会发展的核心问题与价值诉求，也是实现乡村振兴目标的具体行动之一[⑤]。就本章对上述三个不同村落在空间重组迁移中，村民参与乡村文化的动机、行为以及形式、地点等的描述，可以得

① 李红艳：《当代乡村文化生产的实践特征及其理论价值》，《人民论坛·学术前沿》，2018年第13期，第58-67页。

② 赵旭东，孙笑非：《中国乡村文化的再生产——基于一种文化转型观念的再思考》，《南京农业大学学报（社会科学版）》，2017年第1期，第119-127，148页。

③ 徐勇：《“根”与“飘”：城乡中国的失衡与均衡》，《武汉大学学报（人文科学版）》，2016年第4期，第5-8页。

④ 刘守英，王一鸽：《从乡土中国到城乡中国——中国转型的乡村变迁视角》，《管理世界》，2018年第10期，第128-146，232页。

⑤ 张鸿雁：《“文化治理模式”的理论与实践创新——建构全面深化改革的“文化自觉”与“文化自为”》，《社会科学》，2015年第3期，第3-10页。

出如下初步结论：

第一，随着农民与土地之间关系的改变以及伴随着村民居住空间和生活方式的变迁，作为村落生活主要组成部分之乡村文化的位置，被悬置起来。它不再与村民的日常生活息息相关，而成为行政导向下、以节假日“运作”的新型文化形态。从文化记忆视角而言，传统节日的文化记忆融汇、交织和凝聚着历史与现实的多元关系，是在各种生活关系推动下，传统节日以仪式为中心建构的文化记忆得到传承发展①。

对农民而言，尽管发生了离土、出村现象，但由于城乡二元体制藩篱及“农一代”与土地和村庄的特殊关系，未从根本上改变农民“依恋于土”的情感，“乡土中国”下农民与土地的黏性在制度、社会和文化上仍未发生根本变化②。正如费孝通所言，“人和土地在乡土社会中有着强烈的情感联系，即一种桑梓情谊，正是这种人地关系的力量支撑着这历久未衰的中国文化”③。但是，维系乡村社会根基的人地关系，其力量正在衰退。村落空间位置的变化，使得乡村文化组织与传播的形式发生了改变。其中行政组织的引导与民间习俗的维护是合并在一起的，传统节日与新节日运行着乡村文化活动组织的过程与秩序。

第二，就农民个体而言，随着日常生活节奏和方式的改变，村民对传统的乡村文化形式的认知出现了“陌生化”困境。新的乡村文化的形式，则日益受到新媒体比如短视频等的影响，出现了代际分离趋势。

由于村民在乡村文化中存在着“熟悉的陌生人”困境④，乡村文化实践的尝试便成为既是外援力量的推动，更是文化自觉的表现，也是当下地方力量行动的使然。在多重力量的相互作用中，乡村文化不断地选择

---

① 王丹：《传统节日研究的三个维度——基于文化记忆理论的视角》，《中国人民大学学报》，2020 年第 1 期，第 164-172 页。

② 刘守英，王一鸽：《从乡土中国到城乡中国——中国转型的乡村变迁视角》，《管理世界》，2018 年第 10 期，第 128-146，232 页。

③ 费孝通：《乡土重建》，上海：华东师范大学出版社，2019 年版，第 75 页。

④ 顾海燕：《乡村文化振兴的内在动力与外在激活力——日常生活方式的文化治理视角》，《云南民族大学学报（哲学社会科学版）》，2020 年第 1 期，第 52-57 页。

调适着自身的实践逻辑，表现出了既非完全的“自治”，也非完全的“他治”[①]，而是在代际断裂、空间迁移中一种无所适从的状态。

第三，村落文化组织者群体，持续出现代际更替的不在场现象。

乡村文化组织者均为年长的女性，且缺乏代际更替的延续性。这种代际衰落也会导致乡村文化的根基渐渐被削弱。加之，乡村社会转型中，乡村权力结构发生了从“权力的文化网络”到“权力的利益网络”的转型。乡村社会结构和权力结构的转型促使乡村治理的转型，表现为治理主体多元化和组织基础利益网络化[②]，使得文化活动与文化组织之间张力与冲突时时存在。

第四，外来者与本地人之间身份的变化，形成了村庄内外、村民身份的冲突与张力。

因为“农村文化是一套处境化的生产和生活经验体系，其核心内容是培育农民的公共理性或公共精神”[③]。作为本地人的村民，成为某一社区的市民之后，在乡村文化体系中，外来者与本地人之间身份发生了蝶变。在这种蝶变中，随着记忆的模糊、文化凝聚力的弱化、乡村文化自组织的机制势必会被切断，乡村意义系统、价值体系也随之“崩塌”。[④]

本地人回到乡村文化生产中，如同一个外来的旅游者。旅游是一种“充满努力的遭遇”（effortful encounter），也是一种“前记忆”（pre-memorisation）。在旅游中，外来者会遭遇文化记忆的物质性问题[⑤]。外来者与本地人之间既是村民个体的内在冲突，也是村庄变迁中的内在断裂。在这种冲突与断裂中，乡村文化的发展需要综合考量。

---

① 余珍，冯钰伟：《生计方式的变化与变动中的乡村秩序——以柏林弯社区文化实践为例》，《广西民族研究》，2018 年第 1 期，第 120-127 页。

② 郑永，张大维：《社会转型中的乡村治理：从权力的文化网络到权力的利益网络》，《学习与实践》，2015 年第 2 期，第 91-98 页。

③ 吴理财：《乡村文化的“丛林原则”》，《人民论坛》，2011 年第 5 期，第 68-69 页。

④ 闫小斌，范红，闫毅：《乡村文化再生产的秩序重构》，《图书馆论坛》，2020 年第 1 期，第 8-14 页。

⑤ 麦夏兰，兰婕，田蕾：《记忆、物质性与旅游》，《西南民族大学学报（人文社会科学版）》，2014 年第 9 期，第 1-7 页。

讨论

雷蒙·威廉斯在《文化与社会》一书中写道："文化一词无法像任何社会指令或个体指令一样自动开始运作。其现代含义的出现表明了朝向整体性评估的努力，但是它表明的是一个过程，而非结论。"① 作为一个过程，我们还要继续讨论如下问题，以便使得这种作为过程的文化得以健康延续：

首先，生活空间和生活方式改变后的村民，如何延续乡村文化的基本精神？在乡村社会，土地是一个有效的黏合剂，以"当地感"与"历史感"为依托，在这二维空间中建构了乡村意义②。因此，在城镇化的冲击下，乡村文化何以持续生产与发展成为关键的议题。从城市与乡村的关系而言，在文学视野中，公共文化空间是在一定区域的空间表现，以及在这个区域进行文化交往的表达方式③，也是人们情感发生、寄予和表达的场所，其中人们可以经历并感受到最有意义的文化生活和文化体验④。农民文化转型是要实现农民在文化意义上的城镇化，重构文化价值观念，重构市民化⑤。如何在与城市文化不断融合与对峙的过程中，延展出乡村文化的脉络来，就当下中国社会发展而言，还需要继续等待。

其次，乡村振兴中的乡村文化治理，如何与乡村文化的现状结合起来？

研究认为，中国农村基层的治理由四个要素构成：秩序性、参与性、

---

① ［英］雷蒙·威廉斯著，高晓玲译：《文化与社会》，长春：吉林出版集团，2011 年版，第 311 页。

② 闫惠惠，郝书翠：《背离与共建：现代性视阈下乡村文化的危机与重建》，《湖北大学学报（哲学社会科学版）》，2016 年第 6 期，第 152-158 页。

③ 王少峰：《公共政策与文化空间》，北京：学苑出版社，2007 年版，第 116 页。

④ 苗伟：《文化时间与文化空间：文化环境的本体论维度》，《思想战线》，2010 年第 1 期，第 101-106 页。

⑤ 王小丽，李瑞杰：《农村城镇化进程中农民文化转型的困境与化阻机制》，《农村经济》，2013 年第 9 期，第 116-119 页。

成本性和稳定性。[①] 乡村治理由此被分为三个类型：良好的秩序、基本型善治和改进型善治[②]。因此，要建立乡村现代文化治理体系，要促进乡村文化治理主体的多元化合作、优化乡村文化治理技术、提升乡村文化治理能力[③]。基于“整体性”空间生产思路研究指出，应将资本、权利、文化意识和生活体验等联结起来，重新确立资本在乡村空间的规范和准则、维护乡民的差异权利、重建乡村带有审美意味的“家园感”，方能建立一个具有现代性意义的文化空间。因为“新闻传播的速度和我们自身的移动速度都通过我们所认为的过去而明显延长了我们的现在感。……人们活在当下，却总被过去所包围”[④]。因此，需要不断从过去中突围，也从当下延展到过去的时空中。通过培养农民的自觉意识，形成农民、市场与政府间的合力，探索适合中国的现代性模式[⑤]。

再次，在文化消费与生活境遇的关系发生变化的过程中，如何理解乡村文化的物质性和资本的关系？

从文化消费角度而言，文化一方面提供了各种手段来让村民获取消费物资，但同时也限定了人们的要求，比如，文化消费的数额在一定范围内被认为是适当的和必要的，超出了就需要规定[⑥]。安定简朴的生活理念始终影响了村落里人们对于文化消费或者文化活动参与所需要经费使用的心理与行为。但是婚丧嫁娶这些类似的活动，并不在简朴的范围之内，因为这是人们的村落传统。若有些村民达不到这样的生活标准，村

---

① 邓大才：《走向善治之路：自治、法治与德治的选择与组合——以乡村治理体系为研究对象》，《社会科学研究》，2018 年第 4 期，第 32-38 页。

② 邓大才：《治理的类型：从“良序”到“善治”——以乡村社会为研究对象》，《社会科学战线》，2018 年第 9 期，第 177-184 页。

③ 吴理财，解胜利：《文化治理视角下的乡村文化振兴：价值耦合与体系建构》，《华中农业大学学报（社会科学版）》，2019 年第 1 期，第 22-29，168-169 页。

④ ［美］段义孚著，宋秀葵，陈金凤，张盼盼等译：《人文主义地理学：对于意义的个体追寻》，上海：上海译文出版社，2020 年版，第 154 页。

⑤ 闫惠惠，郝书翠：《背离与共建：现代性视阈下乡村文化的危机与重建》，《湖北大学学报（哲学社会科学版）》，2016 年第 1 期，第 152-158 页。

⑥ 费孝通：《江村经济》，北京：商务印书馆，2018 年版，第 111 页。

民们会提供帮助，文化活动的消费就自然而然对他而言免费了。

因此，在这个过程中，“情感在移动中发生变革，倒未必是被金钱异化，而是对于这些人来说，情感过于奢侈——它原本在艰难人生中也不过是一个组成部分，而不是全部，更因为生活的重压而空间被压缩到最小”①。当移动中的村民，生活的空间缩小后，所渴望的看似表面上是文化消费的问题，其实是如何缓解生活变迁所带来的不适应的问题。

总之，“真正把人们维系在一起的是他们的文化，即他们所共同具有的概念和准则”②。对于乡村社会而言，无论是空间位置改变，还是生活方式变化，都是外在的形式。如何在这种外在形式变化之中，维护与培育新型的共同概念和准则，或许是未来乡村文化发展需要关注的核心命题。

---

① 刘大先：《“裸命”归去来》，《读书》，2016 年第 8 期，第 168-175 页。

② ［美］罗伯特·芮德菲尔德著，王莹译：《农民社会与文化》，北京：中国社会科学出版社，2013 年版，第 18 页。

结语

对乡村社会而言，乡村文化首先是指传统习俗中流传下来的文化形式，比如乡村的歌舞、武术、庙会等形式。其次，乡村文化包括乡村的诸多习俗。最后，在更广泛的意义上，借助雷蒙·威廉斯的概念，乡村文化是乡村社会中村民的生活方式。这种生活方式本身就是乡村文化的实践核心。但无论就何种意义而言，乡村文化都植根于乡村社会最细微的细胞中。同时，新媒体在乡村社会的扩散，已成为一个日益凸显的现象。乡村文化应该如何与新媒体的应用结合起来，才能更好地在国家治理系统中提升乡村文化治理的效能？

首先，拓展和完善乡村文化在新媒体中的呈现形式。乡村文化的生产形式主要有两种：一种形式是行政导向的乡村文化活动，比如村里的广场舞、合唱队等，这些文化形式主要是行政诉求和兴趣爱好的结合，文化组织员对这些文化活动起主导和组织作用。乡村文化组织员通常由村里文艺特长者担任或者兼任，兴趣导向和行政导向通常是结合在一起的。另一种形式是村里的文化活动继承者所主导的乡村文化形式，这些继承者通过各种形式延续着村落文化和家族文化。比如北方乡村地区的一些戏剧团，始终由家族延续，也是村落的一种文化。这些文化活动往往与经济活动处于分离状态，或者说无法直接与经济活动建立广泛的联系，需要政府和公益组织的资助和扶持。目前这两种类型的乡村文化活动在新媒体中的呈现还处于碎片化的状态，甚至是缺席状态。新媒体对于这些文化形式而言，还仅仅是“外在的”技术形式，这些技术与文化之间还缺乏内在的或者系统的关联性。

其次，利用乡村社会的熟人关系网络。这样可以将外出者的社会关系网络与留守者的社会关系网络勾连起来，延伸新媒体的功能，由此实现乡村文化在新媒体中的延伸。改革开放以来，乡村社会变迁的一个主要特征是村民向周边城镇以及大城市流动和务工，他们以定居城市的生活方式，勾连着乡村社会的固有关系。这种“两栖”关系一方面是乡村社会走向衰落的一个特征，另一方面是乡村社会复兴的潜在机遇。外出者在乡村中通常都有房屋院落，也有留守的老人、妇女和孩子，他们在利用新媒体与家乡亲友联系的同时，也将乡村文化的活动形式，通过短视频和社交媒体传播开来，尽管这些力量分散，但在陌生人社会关系网络中，其作用和功能都不可忽视。因此，新媒体时代的乡村文化治理要集中以技术的手段，将外出务工者的潜在力量发掘出来，让乡村文化不仅可以自我治理，还可以进行自我生产与再生产、自我消费和再消费。

再次，有赖于乡村新媒介素养的提升。尽管中国互联网信息中心（CNNIC）在2020年9月29日发布的《中国互联网络发展状况统计报告》显示，农村互联网普及率为52.3%，但这种普及率的提升与新媒体的素养之间并不是对等的关系。在信息泛滥的时代，新技术信息属性并没有被村民理性认知的时候，村民面对庞大的数据洪流，没有足够的能力判断信息的可信度，他们往往带着“确信的态度”被一些虚假或者不实的信息所引导。当下乡村文化的生产与再生产，主要由村里的文化组织员或者村里的精英自我创作，这些乡村文化的创作者，其文化水平主要以初中毕业为主，高中毕业者寥寥无几。因此，在进行乡村文化内容生产时，他们往往依靠网络信息和他们感知的乡村社会现实进行创作，网络信息的似是而非或者虚虚实实，常常给乡村文化活动带来较为混乱的局面。乡镇等基层政府针对作为乡村文化主要生产者的文化组织员，进行了相应的文化写作和文化活动组织培训，这些培训在一定程度上拓展了他们的视野。乡镇政府组织的新媒体素养方面的相关知识培训，大多还停留在如何使用网络的表层知识基础之上，培训重点主要放在如何使用新媒介等操作层面上，而不是针对如何获得对新媒体的认知、理解等层面上。这种状况导致无论是新媒体时代的乡村文化生产，还是新媒体时代乡村社会中对于新媒体的使用，大多都停留在误打误撞、现学现卖的状态中。对乡村文化治理体系而言，其困境在于：应该从什么角度评判乡村文化的生产与再生产？又该如何评判新媒体在乡村文化生产与再生产中的影响力？从这个角度看，要提升乡村文化治理体系的效能，最终要从新媒体这一时代特征入手、从新媒体素养的全面培育展开。唯有如此，乡村文化的生产与再生产，其与新媒体的关系，才可以得到有效的界分、评判与引导。

最后，从宏观、中观和微观层面与国家、县域、城市和乡村的治理体系进行有效衔接。党的十八届三中全会提出："全面深化改革的总目标是完善和发展中国特色社会主义制度，推进国家治理体系和治理能力现代化。"在这一宏观背景下，县域治理的现代化需要从国家权力向县域放权以及扩大公民的有序参与两种路径进行运作。而相对于乡村治理体系而言，城市治理的现代化，主要的目标之一是借助新技术实现城市的数据化治理，以数据化治理来促进公民的有序参与。对于乡村治理体系而言，则需要在以下几个层次上展开：第一，要将技术治理置于乡村治理的体系中，使其成为乡村治理体系的有机组成部分。第二，要利用新媒体技术的扩散能力，将每一个村民，无论是留守者还是外出者，黏合在乡村治理体系中。第三，重构乡村文化治理体系与乡村治理体系之间的新型治理关系。这种新型治理关系的主要特点首先在于，将乡村的软实力（广义的乡村文化）与硬实力（包括乡村社会的经济力量、政治因素、社会关系等）结合起来，将文化因子浸润在乡村治理体系的每一个部分。其次，将现有乡村的治理关系、新媒体技术、新文化与传统文化等结合起来，构成一个新的乡村治理体系。这种新的治理体系，是乡村数字化、文化技术化的过程，最终也会成为乡村治理现代化的一个有机组成部分。

后记：无边落木萧萧下，边界文化无处寻

对我而言，乡村，更像是一种情怀。

乡村生活，更像是一种遥远的记忆。这种记忆，随着岁月犀利的目光，成为心里最柔软的一块园地。当笔下的文字在脑海中流淌的时候，乡村的情感与乡村的现实，纠缠在一起，带着诗意，也带着创伤的记忆，萧瑟而下。

乡村文化，是一个多义而复杂的符号。最近几年在乡村调研时发现，晚上县城和村镇的乡村文化活动十分丰富，令人惊讶。下面是我 2021 年 7 月在山西左权县城考察时的一段记录：

> 经过了 7 月 11 日的大雨之后，12 日晚上的广场，十分喧嚣，就像是被雨憋住的人们进行再度释放一般，但或许不是，他们只是跟着四季在走着日子。
>
> 吃过晚饭后，7 点半左右，广场的人开始多了起来。各种音乐回荡在上空，路灯悠悠地，路过的车辆十分安静，行人不是很多。我到的时候，广场已经被各种声音充盈着，似乎是一个生活方式的开启。特意沿着广场走了一圈，就像是走过了各种生活。广场是开放的，通向四面八方，人们往来流动，如同过客，又像是主人一般。
>
> 随意从一个岔路进去，就看到了前几日遇到的踢毽子组合，他们固定搭配着，双脚翻飞，姿势优美，如同舞蹈。毽子在空中翻腾着，欢乐着，在夜空中不断跳着蹦着，找着自己的路。

踢毽子的人群旁边是一个民间业余跳舞组合，放置着一个音箱，跳舞的都是青年人。我们观看了一会儿，一个青年人跳着霹雳舞、街舞，另一个青年人跳着现代舞，还有四个青年女子跳着扇子舞，一对女子组合跳着拉丁舞，他们欢快的身体在广场舞动，周围观看的人们十分安静，就这么看着，嘈杂的音乐中，凸显着十分静谧的氛围。

继续前行，又遇到两个不同的广场舞组合。走近仔细观察，第一个广场舞组合，处在广场中央，台阶上有四个领舞的青年人，台阶下则是整齐排列跟着跳舞的人们，这个广场舞我们曾经跟着跳过，动作很大，像是健美操，又有点现代舞的味道，有健身的作用，比如有专门针对肩部的舞蹈动作。这些舞蹈形式据我观察，有多种类型，每晚重复着，青年人居多。

另一个广场舞组合，在另一个台阶之上，靠近左权将军雕像的地方，人数相对少一些，音乐的节奏缓慢，这些跳舞的人们是一个固定组合，穿着统一的服装，是以年龄稍微大一些女性为主的群体。

走过了广场舞的群体之后，到了广场的另一边，一对青年男女拿着大喇叭唱着歌，周围还没有观众，只有广场旁边远处的台阶上有几个零散的观众。他们拿着喇叭，热情歌唱，音响有点破音，也没有影响他们的热情。

广场上穿梭着孩童们，他们带着各种发光的小玩意儿，走着跑着，十分轻松自在。不时跑出来的小狗，也如同孩童一般，不闹不叫，或者驻足，或者行走，不停地钻进人群里，安静而富有魅力的样子，十分有趣。

在我走过的其他县城，类似的情形也很多。每次进入这些喧闹又充满了世俗气息的日常生活时，身体有一种忍不住投入其中的冲动。这种冲动既是人类文明的一种原本冲动，也是作为个体人类在进入社会的过程中，与文化之间的一种天然交织的状态。这两种情形也导致我们往往很难对文化做一个大众化的定义，学术上的定义也充满了内在张力。对于乡村文化而言，既是一个漫长的文化走向历史的过程，也是一个依靠乡村个体的日常生活不断实践的过程。

这个实践过程正在进行中，遗憾的是，大部分的文化实践，尤其是乡村文化实践并没有进入大众的视野。这些县乡镇村的人们，走在自己的日常生活里，他们脚步轻盈、他们身体安逸、他们欢欣鼓舞、他们自得其乐。无论是短视频里的人们，还是短视频之外的人们，或许我们看到的，并非文化实践本身，而是文化实践的展演。希望人们不再去诉说如何为文化划界，而是在文化的日常实践里，进入文明，进入个体的历史……

唯如此，才有可能进入无边的文化想象与充盈的文化实践世界里。

李红艳

2023 年 3 月 14 日于北京